기울어지는 쪽으로
꽃이 핀다

❖ 시산작가회 2025년도 작품집 ❖

기울어지는 쪽으로 꽃이 핀다

시산작가회

글은 음식과 같습니다.
내년에는 더 나은 글 상을 차렸으면 좋겠습니다.
늘 건강하시고 더불어 행복하시길 기원합니다.

바른북스

　올해도 글 한 상 마련했습니다. 회원 여러분이 깜냥깜냥 마련한 글 도시락으로 함께 차린 상이니만큼 글 속에 담긴 정성 헤아리면서 맛나게 드셨으면 좋겠습니다.

　제주 수월봉(水月峰)은 절벽이 장관입니다. 바다가 수성화산(水性火山)으로 쓴 초고를 하늘이 1만 8천 년 동안 깎고 다듬었습니다. 지금도 수시로 바람이 갈아내고 다시 빗물이 닦아냅니다. 하여 사람들 탄성과 경외 징수합니다. 모름지기 글은 수월봉(水月峰)처럼 써야 한다는 묵시입니다.
　『노인과 바다』는 명작이라고 합니다. 그 명작을 쓴 헤밍웨이의 글쓰기 능력은 천부적(天賦的)이라고도 합니다. 헤밍웨이는『노인과 바다』를 쓰면서 몇백 번이나 퇴고했다고 합니다. 그이처럼 노력하지 못할 마음을 보통 사람은 천부적(天賦的)이라는 말로 얼버무리고는 합니다.

천편일률(千篇一律). 많은 글이 모두 비슷하여 특성이 없다는 뜻이지만 천 편의 글을 쓴다면 그 가운데 한 편은 쓸 만한 게 있지 않겠냐는 뜻으로 곡해해 봅니다. 글은 많이 써야 합니다. 많이 쓰는 게 어렵다면 퇴고라도 제주 수월봉(水月峰)처럼 갈고 다듬다 보면 한 문장 남길 것이라 믿습니다.

글은 음식과 같습니다. 사람에게 대접하는 음식은 보기 좋고 먹기 쉽고 맛나야 합니다. 내년에는 더 나은 글 상을 차렸으면 좋겠습니다. 늘 건강하시고 더불어 행복하시길 기원합니다.

시산작가회 회장 정 진 용

목차

시

공현혜

뚜껑을 닫으며 12 | 주인 없는 무덤과 주인이 없어지는 무덤 사이 13 | 거짓말 14 | 두부 15 | 야생화 16

박동철

경전(經典) 18 | 겨울 강 19 | 고등어를 구우며 20 | 단란주점 22 | 가을 단상 23

서청학

어느 날 마음을 열었더니 26 | 사랑 하나 피어나고 27 | 꽃피고 찐한 향 흩날리는 날 28 | 사랑 30 | 우리들 세상은 아프고 쓰린 하나의 미학이다 32

성정희

아버지 34 | 작은 생명 36 | 한 송이로 모이는 이름 37 | 아버지와 뻐꾸기 38 | 육개장 40

유월(流月)

그리움 42 | 아프다 말 못해 43 | 산길 44 | 인간이라는 문자 45

이경선

사이드미러 48 | 장거리 달리기 50 | 동그라미 52 | 돌연변이의 탄생 54 | 비어 있는 것들에게 56

이연재

기울어지는 쪽으로 꽃이 핀다 60 | 운명의 빛깔 62 | 심장 옆의 방 63 | 나로 피어나는 시간 64 | 가슴 속 봄의 불씨 66

이용환

족보 필사하기 68 | 꿈속의 친구 70 | 깐부 할아버지에게 72 | 구름다리를 피하다 74 | 세 끼 도시락 75

이일권

바운스 78 | 안양예찬 79 | 찬란한 6월 80 | 대림(大林) 82 | 인어공주 84

임찬순

쉬는 시간 88 | 8월의 정오 90 | 부표 92 | 거짓말 94 | 한 끗 차이 95

정진용

어버이날 슬픈 가계도(家系圖) 98 | 근황 99 | 노을 자화상 100 | 사양(斜陽) 일관(一貫) 101 | 만우절 소묘 102

수필

고희석

편곡의 맛 106 | 노래 풍선 113 | 냇물아 흘러 흘러 120

김미선

늘 봐도 예쁜 야생화 124 | 버킷리스트 1 127 | 행복했던 7월의 추억 131

김미애

산행기 136 | 군산 방축도 142 | 사량도 지리산 146

김인수

비둘기 한 마리 154 | 쥐들과 참새떼들이 문제다 157 | 까치와 은행나무, 닥스훈트와 많은 생명들 161

김진호

신세계를 보았다 166 | 소나무의 흉터 171 | 기분 좋은 바가지 176

유월(流月)

소묘 182 | 신석정 주제의 퇴근길 랍소디 187

이춘명

사랑을 빌립니다 192 | 나에게 2월은 195 | 미운 사랑 198

조향순

소확행(小確幸)
- 1. 물에 잠긴 분홍 2. 참 잘했어요 3. 돌더미 4. 신발장을 떠난 청춘 5. 개망초와 지방시인 202

주미경

손편지 212 | 웃음치료 활동가 216 | 친구는 부재중 220

소설

차영민

누구도 아닌 226

공현혜

ktkh8@naver.com

뚜껑을 닫으며
주인 없는 무덤과 주인이 없어지는 무덤 사이
거짓말
두부
야생화

　통영에서 태어나 경주에 살면서 책 쇼핑을 취미로 합니다. 읽을 책을 왼쪽에 쌓아두고 다 읽은 책을 오른쪽으로 쌓을 때가 좋습니다. 이제야 뭔가 개성 있는 글이 되는 중인데 시간이 모자랍니다. 그래도 마감까지 원고를 미루는 버릇을 고치려 애쓰며, 남과 다른 내 시선에 긍지를 갖고 어려운 이웃들을 위로하는 글을 쓰기 위해 노력 중입니다.

뚜껑을 닫으며

'망자가 좋아하던 음식입니다.'라며
지단과 김 가루 올라앉은 잔치국수가 나온다
오늘의 주인은 미지근한 성격의 친구
혼자 살다 혼자 뇌출혈로 굳었다
새벽 기도 가려던 길이었다고 했다
가난한 기억이라고
장가간 뒤 국수 먹지 않던 친구를
상자 속 멸치처럼 관 속에 넣었다
무릎은 굽었고 팔이 나란하지 않다
육수 향 가득한 장례식장
아들과 며느리가 나란히 국수를 먹는다
돌보지 않아 서로 평화로웠다는 자식 뒤에서
뚜껑을 덮는다
굳은 몸에서 육수 뽑아내지 않아도 된다고
비위 약하다는 자식 대신 친구의 뚜껑을 닫았다
세운 무릎에 닫히지 않는 뚜껑,
망치 소리가 기어이 닫기 전에 서둘러 나왔다.

주인 없는 무덤과 주인이 없어지는 무덤 사이

'도로 정비 사업부지 분묘 연고자를 찾습니다
연고자께서는 보상사업소로 신고해 주시기 바랍니다'

무덤과 무덤으로 새 길을 만든다
고속도로 산업도로 많은 나라
지금도 길이 태어나고 있는 나라
뼈를 묻어 길이 되고 뼛가루 날리는 길
시멘트가 자주 부서진다
무덤 속 주인이 무덤 밖 주인에게 팔리는 나라
새길 헌 길 마다하지 않고 구멍이 만들어지는 나라.
쭉쭉 뻗은 나라 반듯한 우리나라 만세는 아닌 나라.

거짓말

대화의 달인이 사는 동네
동생과 둘이 사는 단단한 아이와
부모 그림자에 사는 아이가 싸웠다
다리 부러진 아이는 동생과 경찰서로 가고
턱에 멍든 아이는 부모와 병원으로 갔다
경찰서에서는 남매 우는 소리 끊이지 않고
병원에서는 양심이 대화에 병들어 죽어갔다
어른들 손에 잘 다듬어진 아이는 퇴원 후
대화의 달인으로 자라서 뉴스에 나왔다
돈 없어서 가게에서 가져갔다고 했다
자동차가 필요해서 남의 차를 탔다고 했다
잘못된 일이 무엇인지 모른다고 했단다
도시의 뜨거운 먼지 속에 아침이 오면
다리를 절며 토스트를 파는 남매
거리로 나온 아이들이 웃으며 사 먹는다
한 끼 먹어도 든든한 식사라고 했다
손님 뒷주머니에 반짝이는 허세도 보인다
살아가는 이유는 살아봐야 아는 것인가
봐도 못 본 척해야 하는 것들이 늘었다.

두부

네모반듯한 두부, 찌개를 끓인다
언제부터인지 찌개마다 두부를 넣는다
대칭이던 콩은 두부가 되어도 대칭이다
비대칭인 사람은 사람을 만나도 비대칭인데
속을 들키지 않으려 귀와 입만 열었다
끓어오르는 냄비에서 두부는 덜컹거린다
두부를 좋아하면 잘 부서지고 깨질까
덜컹거리며 잘 살아질까
동그라미가 아니어도 세상을 사는 모양이 많다
동그라미가 아니어도 세상을 채울 수 있다
동그라미 아니어도 세상은 굴러가고 있다
한 숟가락의 맛을 위해 찌개가 끓고 있다
누구나 한 입의 양식을 위해 속을 끓인다
두부에 양념이 들고 말랑하게 익는다
익은 콩이 두부로 다시 익으면 찬란한 맛이다
잘 익은 두부로 배를 채우면
세상 냄비에서 잘 익은 사람 맛이 날까 봐
누무 무료 배급이나 무료 나눔은 이 땅에 없다.

시 · 공현혜

야생화

소문으로 듣던 아이가 온다는 소문에
축하객 많은 졸업식
사람들이 귀퉁이마다 소문을 나누고 있다.

관계에서 만들어진 환부를 감싸고
스스로 야생화로 살겠다는 아이는
교문 밖 구경꾼으로 서 있었다
돌아갈 곳 없다는 것이
풍경 너머로 사라져야 한다는 뜻은 아닐 텐데
피다 만 꽃으로 문밖에 있는 줄 알았다
아니었다,
소문보다 키 작은 아이는 맑게 웃으며
피는 법보다 시드는 법 배우는 꽃밭 구경 중이었다
여기는 통째 떨어져도 지는 줄 모르고 시드는 곳
직업이 된 선생(先生)과 약육강식의 손이
자잘한 양심도 없이 어린잎 솎아내는 거친 곳
구급되지 못하고 뿌리 없이 흔들리는 꽃밭이다

소문으로 듣던 아이는 야생화로 자랐다
문밖에서 제 이름을 찾고 향기를 찾은 야생화였다.

박동철
parkjt33@naver.com

경전(經典)
겨울 강
고등어를 구우며
단란주점
가을 단상

    2016년 전서린 시인의 소개로 계간웹북 시 신인상에 도전한 이후 시산을 거치면서 글쓰기는 일상이 되었습니다. 그러나 시간이 지날수록 헐렁한 옷을 입은 거 같은 느낌만 가득합니다.
    연둣빛 봄에서 푸른 청춘의 시간을 느끼기도 전에 돌연히 카멜레온처럼 갈색으로 변해버린 계절 속에 서 있는 거 같습니다.
    잎 지워지고 추위에 떠는 빈 가지 위에 소복한 눈을 얹어 보기도 하고 푸른 가지 위에 작은 새 한 마리 앉은 거 같은 정겨운 풍경 만들어보기를 바랐지만 결국 단풍잎 하나 보지 못한 겨울나무 같다는 생각만 가득합니다.
    세월의 느낌은 다만 쓸쓸한 몸짓일 뿐일까요?

경전(經典)

한파 경보가 내려진 몹시 추운 날
아침에 밖을 나와보니
수도가 터져 밤새 물을 뿜었나 보다
길가 식당 마당에 매화나무
고드름을 주렁주렁 매달고 서 있다
가슴안에 꽃망울 가득 품고서
찬 얼음에 온몸을 허락한
전신 공양 아닌가
숨 쉴 틈도 없는 한기가 온몸을 감싸도
가슴안에 품은 사랑 하나로
묵언수행하다
따스한 봄, 사리(舍利) 같은 설법
하얗게 펼쳐 낼
선정(禪定)에 든 적멸궁(寂滅宮) 한 채다

겨울 강

달빛을 갈아 뿌려 놓은 듯
반짝이는 겨울 강은 밤의 침묵을 품었다
외로움은 왜 강으로만 흘러드는지
이름도 기억하지 못하고 떠나보낸 것들이
왜 눈물로만 고여 드는지
푸르게 흔들리던 시간 다 지우고
애틋한 사랑마저 모두 떠나보낸 강버들
이 침묵의 깊이를 감당하기 힘들어
서럽기만 하다
세상에는 영원한 것이 없어
떠나온 곳으로 다시 돌아가야 한다며
강물 위를 미끄러지던 바람 한 점
마음을 비우고
저 강의 고요를 가슴에 담으라 한다
안갯속을 조용히 건너오는 봄의 숨소리를
들어보라 한다.

고등어를 구우며

연탄 화덕에 석쇠를 올리고
바다를 구워 먹는다
구수하게 오르는
갯내음 속에 하루가 아슴하다
사람들은 바다의 등줄기가
고소하다는데
등이 푸른 저 고소한 힘줄은
거센 삶의 물살을 거슬러 오르던
힘의 원천이었다

나도 세상을 힘으로 휘젓고 다닌 적 있다
철모르던 시간을 주무르며
거친 숨을 거리로 흩어 내던 때 있었다
몸속 가득하게 후회를 숨기고도
허세만 한껏 풍긴 적 있다

누구든 힘찬 해류에
메마른 손등을 한번 적셔 보라
거칠고 빠른 심해의 물길을 고등어처럼

거슬러 올라가 보라
생은 거센 물길을 헤엄쳐 오르던
저 힘처럼 뜨거워야 한다
씹을수록 입안 가득 넘실대는 바다의 향기
아, 나는 오늘 청춘의 거친 물길을
힘차게 헤엄치는 중이다

단란주점

연제구 연산동 연산 벌의 한 귀퉁이
신라의 땅
신라의 달밤 그 붉은 불빛 아래
나는 왕이다
신나는 리듬의 마법 같은 음악은
왕국을 지켜주는 주술사의 주술 같은 것
괴성을 지르고 몸을 흔들며
모두 광신도가 된다
삶이 허무하다는 생각 따위는 잊어라
스트레스도 던져버려라
부드럽게 블루스 음악에 맞춰 슬로우
슬로우 퀵퀵 연체동물처럼 흐느적
만 원짜리 세종대왕을
궁녀들의 가슴에 팍팍 찔러주는
여기서 오늘 나는 왕이다
나는 황제로소이다

가을 단상

햇볕에 잘 마른 계절이 뭉클하네
하늘은 한 발 높아지고
누런 지평선은 한 발 가까워졌네
계절의 무게만큼 기울어진
감나무 가지
바람이 불 때마다 나무는
푸른 흔적들을 하나씩 지우고 있네
벅찬 시간을 걸어온 아린 생을
스스로 비워내는 저 마음은 어떨지
가을의 얼굴이 붉어지면
마음 깊이 고인 외로움은 바람같이
나그네가 되고
점점 야위어가는 나뭇가지들 사이로
소슬바람은 꼬리가 길어지네
농익힌 것들이 하나씩 지워지는 이 계절,
아득한 나도 이 가을 한가운데에서
바람처럼 흩어지고 싶어

서청학

seocheonghak@hanmail.net

어느 날 마음을 열었더니
사랑 하나 피어나고
꽃피고 찐한 향 흩날리는 날
사랑
우리들 세상은 아프고 쓰린 하나의 미학이다

詩를 쓰기 위하여 숱하게 밤을 새웠고 늦은 밤 별을 바라보며 풀벌레와 소통했다. 쓸쓸한 감정이 세찬 바람으로 내 가슴 에어도 詩를 목숨처럼 여겼다. 詩를 세끼 밥 먹는 것보다 더 사랑했다.

詩를 쓰면서 향기롭고 영원한 우리 환경을 살리고 보존하는 일을 하고 싶다. 생명의 숲, 우리 토종 야생화의 향기로움을 가꾸고 싶다. 잊혀가는 우리 문화 유산을 염려하는 뭇나 추부로라도 남고 싶다.

어느 날 마음을 열었더니

겨울은 동백꽃 뜨러짐에
봄은 하늘하늘 아지랑이
꿈속 여인으로 피어나고

따사로운 햇살에 벙그는
꽃봉우리
이쁜 내 마음의 여인 같다

산내들 야생화 움트는 소리
산사의 풍경에
자연의 품속에서 새싹이 꿈틀대고

청념의 가슴앓이 방울방울 새벽별로
나리는 눈망울
복수초 노루귀 제비꽃 양지꽃 금낭화

민들레 둥굴레 초롱꽃 변산바람꽃
얼레지 수선화 산나리 원추리 은방울
우리 꽃들에 사랑의 미학이다.

사랑 하나 피어나고

이 봄에 내게도 사랑이
찾아올까요
그리운 아침

하얗게 새운 그리운
그 이름
사랑 하나 있어

물안개 피는 봄비 내린
그 뒤로
사랑이 촉촉이 내리는
가슴이 시립니다

꽃피는 봄바람 온아한
훈풍에
내 님이 물안개 속에서
웃는 듯도 합니다.

꽃피고 찐한 향 흩날리는 날

햇살로 따스함 비추이는
사랑꽃 전하는 향그로운 꽃편지
바람결에 묻어오는 그 어디쯤
푸른 산 깊은 골짝의 사그락 사라랑
미소녀의 치마 벗는 소리 소리

햐 - 황홀한 새싹 돋는 내음
눈 흘김으로의 다가오는 시간들
즐거움이 소록소록 소복이
힘찬 발걸음으로 손 벌려 안기고

강건하기를 바랍니다
행복과 아름다운 미소로
흰 목련꽃 아롱대는
속삭임은 그리움을 외로움

꽃피우는 따사한 평화로운
산내들 골짜기 총각 처녀
함박꽃웃음 전하는 꽃구름

즐거움이 새록새록 피어나고
묻어나는 자연의 미학이다.

사랑
— 그대에게

사랑 그리움 하나 줍고 싶다

세월의 바람이 무심히 지나
어느새 인생도 가을
쓸쓸한 중년의 길목
쿵쾅거리는 심장의 고동 소리로
가슴 깊숙이 울리는 사랑 하나 만나면 좋겠다

그리움을 나누는 사람들이
날마다 우체국 문을 열고 들어서듯
나도 글을 써서 누군가의 가슴을 열고
조금씩 조금씩 들어서고 싶다

한번쯤은 만나 보고도 싶다
한번쯤 가까이서
그의 숨소리를 듣고 싶고
거칠어진 손이라도
살며시 잡아주면 따뜻한 마음
혈관 속으로 스며들 것도 같아

사랑이 아니어도 좋고
작은 그리움이라도 되어
오늘이 즐거울 수 있다면
말없이 웃으며
그저 바라만 보아도 좋겠다

거울 앞에 서면 늙어가는
세월이 쓸쓸히 웃고 있지만
마음속 거울
가슴 두근거리는 설레임이 있다

그래
늘 마음은 가을 숲
숲길을 산책한다
풀 속에 숨은 야생화 씨앗을 줍듯

햇살처럼 빛나는 고운 그리움 하나 줍고 싶다.

우리들 세상은 아프고 쓰린 하나의 미학이다

아픈 인고 고뇌의 세월
시간의 언덕에 서서 곰싹힌

청춘의 망각들
네 안의 곯은 상처 치유로

나도 아프고 너도 쓰리고 쓰라리다
세상사 다홍치마지만

우리 둘이 너와 나 이 세상사는
피 흐름 피 흘림 허울 허상 한 올 미학이다.

성정희
gogoiyo@naver.com

아버지
작은 생명
한 송이로 모이는 이름
아버지와 뻐꾸기
육개장

  詩를 쓰는 시간은 내 안에 나를 만나는 시간입니다.
  詩는 눈에 보이지 않는 것을 보고, 귀로 들으려 하지 말고 마음으로 들으라고 합니다.
  내 안에 숨어있는 나에게 발가벗기고 말합니다.
  참으로 부끄러운 내 모습에 詩는 진실하게 고백하라고 속삭입니다.
  詩를 쓰는 것은 성찰과 반성의 시간입니다.
  돌 틈에서 피어난 작은 생명이 때론 스승이 되고, 보잘것없는 생명은 없다는 걸 배우기도 합니다.
  우주 만물의 소리를 마음으로 들으려고 詩를 배워가는 중입니다.

아버지

아버지가 아주 먼 곳으로 가 버렸습니다.
염하는 장소에서는 작은 하얀 나비가 보였는데
양지공원 화장로 들어가기 전
-아버지 불 들어갑니다. 빨리 나오세요-
고함치듯 부른 마지막 말
대답 없는 아버지는 하얀 가루로 정화되어
따뜻하게 저를 안아 주었습니다
비위관, 소변줄 병상
이제 가셨으면 하는 마음
결국은 가실 길을 나의 편안함을 우선으로
그만, 그만
고통 없이 가셨으면 하는 기도가
그것이 송곳이 되어 아프게 찌를 줄이야
아버지는 영영 가시고 말았습니다.
앙상하게 안타까운 육체로
병상에 누워 의식이 없어도
아버지가 있어서 든든했는데
그때는 그것을 모르고
아, 아버지 죄송합니다

잘못했습니다
제발 꿈에라도 한 번만 나타나 주세요
밤마다 기다립니다

작은 생명

보도블록 틈 사이에서
수줍게 피어있는 이름 모른 작은 꽃
걸음을 멈추고 잠시 보다가

고개를 들고 크고 잘 보이게 하려고
그럴듯하게 되기를 바랐으면
지나가는 사람들 발부리에 상처로
활짝 피우지 못한 꽃이 될 수도 있음을

좁은 틈에 앉은 자리가 내 자리임을
끝까지 지켜낸 생명
곱게 피워낸 꽃 앞에서
무릎을 구부리고 앉아 보면서

눈물 나게 고맙고 감사한 일이 되어
장하고 기특한 생명이여
오염된 부끄러운 모습으로
찬사를 보내게 하는구나

한 송이로 모이는 이름

꽃잎 몇 장으로 피어난 것이 아닙니다
한 송이 꽃이 된 것은
몇십 장의 꽃잎을 모으기 위해
바람은 서로 감싸주고
햇빛은 모아서 안아 주고
지나가는 사람들 칭찬은 전달해서
같이 웃고
늑대의 유혹은
슬픈 가시로 서로 방패가 되어주고
하나가 되기 위해 겹겹이 위로하면서
서로 안고 안기는 한 송이로
여린 꽃잎 하나하나 세면서
사십오 장의 꽃잎
하나로 되어주는 이름 장미입니다

아버지와 뻐꾸기

알 수 없습니다
앞산에서 들려오는 소리
누구를 애타게 부르는지
도무지 알 수 없습니다
자정이 지나 새벽 두 시에도
울음소리는 내 마음도 애달파
잠을 청하는 것이
미안하고 부끄러워지는 것입니다
아들일까, 딸일까?
엄마일까, 아버지일까?
아내일까, 남편일까?……
별 하나 별 둘처럼 이름을 헤아려보다
오래전 아버지의 첫아들
네 살 동생 어렴풋이 생각나는 것입니다
아버지도 그때 아들 묻힌 돌무덤 생각하며
밤새도록 울었을 것입니다
모두 말이 없고 적막하던 그날
아버지의 울음소리 듣지 못하였습니다
이제 뻐꾸기의 울음이 아버지의 울음인 걸

내 나이 그때 아버지의 나이보다 한참을 지나서
나도 뻐꾸기가 되어 잠이 오지 않습니다
차라리 소리 내어 울 수 있는 것은
울음이 아닐 수 있겠다는 생각이 드는 것은
뻐꾸기가 아니라 모르는 일입니다
밤새 울다 지쳤는지
어스름 새벽에야 울음이 그쳤습니다
뻐꾸기가 자는지 죽었는지
그것이 또 궁금해지는 것입니다
누리달 마지막 밤이 밝았습니다
칠월의 숲은 더 성숙해지고
뻐꾸기는 좋은 쉼터가 될 것입니다
새로운 짝이라도
만날 수 있기를 빌어봅니다

육개장

왜 그랬을까
아버지 화장로 들어가는 날
맛이 괜찮다고 먹은 식사
왜 그랬을까
-아버지가 슬퍼하지 말고, 배고프지 말아라-
보내준 신호일까
그다지 좋아하지도 않은 육개장
눈물도 없이 한 그릇 다 먹었으니
왜 그랬을까
아버지 마지막 떠나보내는 날
장례 지내고 텅 빈 마음으로
일주일이 어떻게 지나가고
자정이 지난 잠자리에서
아무리 생각해도
그건 아닌데 왜 그 시간에
주위에서 모두 식사하라고 한다고
꼭 먹어야 했을까
내가 밉고 밉고 또 밉다
다시는 먹고 싶지 않을 것 같은

유월(流月)

esgai5@naver.com

그리움
아프다 말 못해
산길
인간이라는 문자

저는 낭만주의자입니다. 사람이 70년을 훨씬 넘게 살았으면, 이젠 인간 너머의 존재 가능성을 모색해야지 않느냐고 스스로 다그칩니다.

저는 현세주의자입니다. 지금 살고 있는 이 세간이 제겐 유일한 세계입니다. 추하고 고통스럽습니다. 그러나 아름답고 경이로우며 거룩합니다. 이런 양극의 긴장 속에서 세계를 이해하려는 운동이 저의 시 작업입니다.

얼마 전 저의 아내가 오랜만에 다시 만난 지인에게 저를 가리켜 시인이라고 소개하더군요. 그게 생각할수록 고맙고 은근히 자랑스럽기까지 했습니다.

좋은 시인이 되고 싶습니다.

그리움

볕 따라 분을 옮기다
처진 그늘이 말없이 일렁이다

붉은 국물을 뚝, 떨구었다
하얀 식탁보가 가없이 희다

까치밥 메마른 살점이
마지막까지 공중에 반짝이다

아프다 말 못해

불에다 확 싸질러 버려라, 새나 될란다

유택 뒷산 숲으로 후드득 새 몇이 날아 앉았다

흙이 흙으로 돌아가는 동안에도 대답 없는 대지에

꽃이 피었다¹

올봄에도 꽃이 피었다

눈물인 듯, 노래인 듯

---

1 김훈의 『남한산성』의 첫 문장, "버려진 섬마다 꽃이 피었다"를 생각함.

산길

호젓한 산길
십리
또 십리
걷는 걸음 아주 호젓해져
발밑에, 내일도
어제도
간 곳 없네.

이름 잊은 백합나무 길을 따라
사람도 다 잊었는데
그래
그립다고, 아프다고 말하마

홍아, 수야, 산 것의 얼굴들이여,
호젓한 저녁 빛 되어
오고 있구나.

인간이라는 문자
― 뉴욕의 공아와 선재에게

네 이마,
거친 바람 머리를 내다보는
대양의 앞 돛!

폭풍과 불의 살 속에서 벼린
무모하고 강인한 힘줄
너의 키 바퀴를 유혹하는 것은 언제나 저 미지의 난바다

매번 난파의 기록들이 침몰했던 어둠 속에서, 마침내
자모(字母)의 양수를 떨치고 일어선 몸이
말을 토함으로써 처음 인간이 되었으니

장엄한 우주의 밤의 침묵의 칠판에
갈꽃의 시어를 새기는
자유의 종족이여, 복 있어라!

이경선

tut3114@gmail.com

사이드미러
장거리 달리기
동그라미
돌연변이의 탄생
비어 있는 것들에게

저녁 8시, 별다른 감흥 없이 사무실에 앉아 타자기를 두드리고 있었습니다. 내일 오전 이런저런 안건으로 회의를 요청드린다, 는 내용의 메일을 적고 발송 버튼을 눌렀습니다. PC의 전원을 껐습니다. '시스템을 종료합니다.' 모니터의 글자가 보이고, 하루도 그렇게 종료되고 있었습니다.

꺼져가는 과정에서, 문득 '글을 쓰고 싶다,' 생각했습니다. 검은 바탕 뒤로 사라져가는 삶을 어떻게든 기억하고 싶었습니다. 그때부터였습니다. 글을 쓰기 시작했습니다. 시산문을 통해 글을 나눌 수 있어 감사합니다. 늘 정진하는 글쟁이가 되겠습니다.

2021년 『월간시인』으로 등단했고, 시집으로 『소란이 소란하지 않은 계절』 외 1권, 기타 몇 권의 공저가 있습니다.

사이드미러

운전자는 풍경을 보지 못합니다 풍경은 외부에 속해 있습니다
풍경은 무성영화처럼 소리도 없이 넘어가고 있습니다
문구가 적혀 있습니다

사물이 거울에 보이는 것보다 가까이 있음

어디서부터 가까이라고 할지 모르겠습니다
풍경을 소유한 적이 없습니다
거리는 소속감을 갖게 합니다 엄마와 아들, 남자와 여자처럼
부호가 있습니다 등가 부호는 없습니다 풍경은 공평하지 않습니다
선글라스처럼 앞을 가리고
운전자는 풍경을 보지 못합니다
조수석에서 사물은 가까이에 보입니다
빗방울이 떨어지고 있습니다
더 많이 젖는 것은 어깨입니다 지나간 사람의 뒷모습입니다
미러의 각도를 부호처럼 꺾습니다
한 겹의 풍경이 벗겨집니다
스크린이 되감기고

문구가 확장하고 있습니다
최초의 클락션, 사물이 가까이에 있습니다

장거리 달리기

물 끓는 소리가 들려 여자는 너머로부터 누군가의 울음을 듣고 신발을 보고 있어 신발의 덜미는 어디쯤 매일 넘어졌는데 여자는 시선을 멈추지 않고 여자의 목덜미가 새하얀데, 신발이 꼭 맞을 것 같다고 신어 보았어 처음이었어? 여자는 낯선 웃음을 짓고

유독 발이 작았던 소녀는 늘 꼴찌였대 자라서도 걷는 일은 버겁기만 해서 매일 등을 보고 살고 있다며 여자에게 사회는 늘 반쪽이었대 소녀는 신발을 거꾸로 신어보기로 했어 짝이 맞지 않는 양말을 신고 가끔은 몇 겹의 양말을 덧신기도 했어 가면처럼 얼굴에 쓰지 못한 가면을 몰래 쓰려는 것처럼 양말에 구멍이 나면 소녀는 그걸 며칠이고 끌어안아 양말 하나를 기우는 데도 소녀는 기척도 없는 밤을 꼬박 새우고 누군가에게 바느질은 마치 구원처럼 소녀는 양말을 오래도록 신어 잃어버린 반쪽처럼 소녀는 꼭 맞는 신발을 찾아 기쁜 여자가

노래를 시작해 기억하는 눈물의 모양처럼 슬픔을 노래하는 건 뻔해서 그래도 있잖아 여름밤의 열기처럼 언젠가는 슬픔도 날아가기 시작한대 멀리 낯선 얼굴이 익숙해지기 시작하고 물이 끓

는 소리가 들려 바람이 불고 문이 열리고 신발을 신고 여자가

준비하고 있어 머리를 단단히 묶고 다시 출발선에 서 있어

동그라미

군더더기 없는 게 좋습니다
그건 동그란 모양이어야 합니다

쿠키를 집어 듭니다 이건 동그랗습니다
군더더기가 없습니다(없나요?)
쿠키가 부서집니다 부스러기는 눈에 보이지 않습니다
있어도 없다고 기억할 수 있나요
이유 없이 좋아하게 되는 일도 있습니다

여러 겹의 옷을 입고 있습니다

파랑 노랑 보색은 동그란 모양을 갖습니다
모양이 없어도 있다고 합니다 콩깍지가 씌었다고 합니다
오늘도 둥근 옷을 입고 나는
군더더기가 없습니다

"군더더기가 없어야 한대"
어떤 세모는 동그란 그림자를 가졌다는 이야기를 들었습니다
네모난 쿠키를 손에 든 꼬마는 신이 나 있고

바삭! 쿠키 소리

마시멜로는 불에 구워야 제맛입니다 요리조리 돌려보면
모양은 네모, 세모가 되고
모서리를 한 입 삼키면

하얗게
입안이 동그래질 겁니다

돌연변이의 탄생

아시는지 모르겠지만, 돌연변이가 세상을 바꿉니다
지구의 역사처럼 돌연변이는 살아 있습니다

명랑한 기운을 유지합니다
죽음이나 슬픔 같은 단어는 부정합니다
선택하는 것입니다 종의 기원을 아시나요?

말라깽이 안경쟁이 글쟁이
가능하다면, 장이가 되고 싶은데요 대장장이라도 좋습니다
달구고 녹이는 일입니다

항성은 그렇게 태어납니다
태양은 그렇게 생명을 유지합니다, 불은 탯줄처럼

태양은 핵을 삼키고 있습니다
핵전쟁은 인류의 종말이고
핵융합은 인류의 탄생입니다, 모든 것은 현재 진행형

태양으로부터 먹이가 던져집니다

나는 자연스럽게 입을 벌리고 먹이를 받아먹습니다
횡단보도에서 사람들은 모두 입을 벌리고 있습니다

손끝에서 스파크가 터집니다 낯선 전율을 느낍니다

최초의 항성이 될 겁니다
붉고 희게 늙어갈 겁니다

파리는 나방이 되고 싶습니다 나방은 새가 새는 별이 될 겁니다
돌연변이의 역사는 오늘처럼 살아 있습니다

은하수는 새들의 부리가 빛나는 겁니다
커다란 날개가 덮고 있습니다 그렇게 태어나는 겁니다

명랑한 소리가 울려 퍼집니다
새로운 종의 탄생입니다

비어 있는 것들에게

밤새 비어 있었다

속 빈 선풍기처럼 속이 텅 빈 채로 밤을 덮는
홑이불
빈 것과 빈 것이 만나면 왜인지 가득 채워질 것 같아서
밤도 깊어질 것만 같아서
텅 빈 것을 안고 누웠다

시장에서 파는 강정과 순대 피와 슈퍼마켓의 과자봉지들
그리고 봄에 태어나
여름까지 살다 죽는 홑이불
비어 있어서
짧기만 해, 라고 네가 말했다

비어 있는 것은 원래부터 그런 건 아니었다고, 꼭 비게 되는 것
이 있다고

뜨거운 여름은 못다 핀 꽃처럼 지나가고
태풍도 그래

우리의 식탁 위 붉은 백열등처럼
결국
텅 빈 존재가 되고 말아

흔들리는 창문을 바라보면서, 너는

비어 있는 것들은 내어줄 것이 없어서
꼭 껴안아야 한다고

나는
여름밤의 달을 바라보면서 한없이 까만 그 부분을 오래 숨죽이면서
달도 반쯤 비어 있는 것이라고, 생각했다

유성을 기억해? 멀리서 꼬리를 감추던
너는
유성을 그리기 시작했다, 끝나지 않을 긴 포물선을

마침내 달에 착륙하게 될 거야

우리의 빈손은 언젠가

장례식의 꽉 찬 밥그릇처럼
사랑하게 될 거야, 슬퍼도 하겠지
홑이불을 끌어안고 자는 어린아이처럼

비어 있어서, 아름다울 수 있는

빈손이지만 비어 있지 않은
손바닥을 펼쳐본다

잠잠해진 창문에서
너는 나의 팔을 꼭 껴안고 있다
돌아누워도 보이는 것들이 있다

이연재
9doja@naver.com

기울어지는 쪽으로 꽃이 핀다
운명의 빛깔
심장 옆의 방
나로 피어나는 시간
가슴 속 봄의 불씨

　저의 시는 흔들리는 삶의 순간 속에서 피어나는 감정의 결을 포착하려 애써왔습니다.
　기울어진 마음, 내면의 방, 가슴속 불씨 같은 상징들을 통해 부서지지 않고 살아가는 제 삶의 모습을 따뜻한 언어로 그려내고자 했습니다.
　조용한 시선이 독자에게 작은 울림이라도 전해지길 바랍니다.

기울어지는 쪽으로 꽃이 핀다

너와 나는 선이 없는 경계
스미고 흘러 서로의 결을 따라
나는 나를 조금씩 놓아두고
기울어진 마음은 그 틈에서
자세히 조용히 균형을 배운다

진심은 언제나 말보다 먼저 도착해
서툰 위로나 조롱조차 넘지 못할
깊은 고요 속에 머물러
그 무게를 느껴본 적 있는가
잴 수 없는 마음 하나를

삶은 언제나 평평하지 않고
더 기울어진 쪽에 뿌리를 내리며
한쪽으로 쏠린 채 중심을 세우고
나는 그런 자세를 흉내 내며
살아낸다는 걸 배운다

그리고 문득 묻는다

나는 지금, 그 꽃처럼
기운 쪽에 피어 있으면서도
부서지지 않고 지속하고 있는가.

운명의 빛깔

수많은 사람 속에
바람결로 엮인 운명의 실타래
그 안에서 단 하나의 빛을 찾아내는 일
별이 깃든 어둠 속 손짓 같구나

홀로인 밤에도
그대 이름이 달빛 되어 내려와
잎사귀마다 은은히 번지는
숨결 같은 미소를 피워내네

눈길을 멈춰 오래 바라보면
서로 다른 빛깔이 섞여
우리만의 운명이 조용한 강물 되어
깊이깊이 흐르는 것을 느끼리라

그 존재 자체로
감사함이 꽃잎 되어 흩날리고
사랑과 영혼이 엮인
피할 수 없는 빛의 길
길을 함께 걷는 운명이라네.

심장 옆의 방

내 심장은
심장보다 왼쪽
바짝 붙은 작은 방 하나
낡은 의자 위엔
말 못한 하루들이 앉아 있어

문을 열면
울음보다 먼저
숨죽인 얼굴이 보인다
나는 자주 들어가
눈을 맞추고
말없이 손을 쥔다

시간은
이 방을 지나가지 않아
여기선
나만 나를 기다린다
살아 있는 한
그 의자는 비지 않는다.

나로 피어나는 시간

어느 날
내 그림자가 나보다 먼저 웃었어
빛의 틈
닫히지 않는 문을
나는 조용히 밀었지

내 안의 꽃씨 하나
그건 누구의 것도 아닌 나였어
타인의 계절에 머물며
몇 번이나 나를 미뤘지

오늘은
햇살이 내 이름을 부르고
바람은 내 노래를 흥얼거려
흙을 털고
두려움의 뿌리를 끊자
나는 피어났어

시간은 나의 뿌리

세상은 물러서며 나를 바라본다
이 순간
나로 피어나는 시간은
가장 조용한
가장 뜨거운 혁명이다.

가슴 속 봄의 불씨

봄은 밖에서 오지 않았다
너의 심장 그 안쪽에서
온기가 문을 열었고
세상은 그제야 푸르러졌다

젖은 바람이 너의 이름을 부르고
나는 무언의 말로 대답했다
입맞춤은 꽃이 아니라
불씨였다 타오르기 시작한 청춘

우리는 영원을 말했지만
모든 계절은 불씨처럼 남는다
하지만
언제나 다시 피는 것은
기억이 아니라 가슴이다.

이용환
dalcho@naver.com

족보 필사하기
꿈속의 친구
깐부 할아버지에게
구름다리를 피하다
세 끼 도시락

　이번 회지에서는 어렴풋이 느껴지는 죽음의 그림자를 스케치해 보았습니다. 죽기 전에 최소한의 무엇인가 매조지할 것은 하고, 기록해 둘 것은 기록해 두고 싶었습니다. 무거운 몸을 바닥에 뉘고 잠에 곯아떨어진 사이 비몽사몽 스쳐 간 환영들을 붙잡아 시로 씁니다. 이승에서 차마 남에게 못다 한 이야기들을 비밀스런 문장으로 남겼습니다.

족보 필사하기

혹시 몰라 간략족보 한 권을 구해 와
매일 조금씩 필사한다
내 죽기 전에 한 권은 남겨 놔야지

족보에는
어머니가 들려주신 옛날이야기가 일부만 들어 있다

남원 감성부락에서 당신 크던 어릴 적 이야기
당신 생모께서 젊어서 돌아가신 이야기
당신 서모 이야기는 없다

당신 열여섯 살에 등구리로 시집간 이야기
못생긴 아버지와 첫날밤 이야기
실로들 소나무 베어 아버지랑
요천수 강가에 돌집 짓던 이야기는 없다

등구리 누군가와 작당하여
동네사람 공산주의 물들이던 이야기
그리하여 아버지 경찰에 쫓겨 다니던 이야기

그리하여 아버지 허랑방탕
술이나 먹고 노름이나 하던 이야기는 없다

쌓인 술빚 노름빚에
어느 날 어느 시 집 땅 다 팔아 빚 갚은 이야기
고향사람 부끄러워 한밤중에 고향 떠난 이야기
남의 집 곁방살이 식모살이 이야기는 없다

할아버지 아버지 부끄러운 이야기는 다 빼고
누가 언제 태어나서 언제 죽고
부인은 누구고 아이 몇을 낳았는지
그 이야기만 실려 있다

꿈속의 친구

기가 허한지 어젯밤 꿈엔 대학친구도 만났다
대학 때 꽈가 달랐지만 생각하는 바가 비슷하여
같은 써클활동도 하였다
대학을 졸업하고는 거의 만나지 못했던 것 같은데 간간이
안부 통화를 하기는 했다
나 죽다 살아난 것도 그가 안다 아직도
그의 눈빛은 형형하였다
머리는 훌러덩 거의 대머리가 되었으나
콧수염과 턱수염을 근사하게 길러 도인 같았다
고사성어와 어려운 한자 문구를 자유자재 섞어 쓰는 품이
고풍스럽고 식자와 같다
역사전공에다가 동양철학 종교 쪽을 공부했으니
그 어투는 당연하다
교직을 정년퇴직하고는 조그만 과수원 일을 한다고 했다
근력과 기가 살아 있구나
그의 페이스북에 구름처럼 많은 인파가 모여들고 있었다
그는 검은 턱수염을 휘날리며
길고 구불구불한 지팡이를 짚고 예언자같이 말하였다
장차 이 땅에서 미국은 물러갈 것이다

한국이 일본을 식민지배할 것이다
러시아가 내려와 우리와 손잡을 것이다
그의 예언 두 가지는 그럴듯했으나
한 가지는 선뜻 동의하지 못하겠더라
살짝 반감까지 생기려 했으나 그도 그냥 자기 말을 하는 것이고
나도 잘 모르는 문제니까
그의 앞에서 내 마음 표현은 삼가기로 한다
친구를 깊이 알지 못했거나 내가 나를 잘 알지 못한 것이겠다
하긴 뭐 나도 학창시절과는 많이 달라졌지 않았나?
그는 여전히 같은 종교인이었고
나는 이것저것 탐색하다 무종교인이 되어 있었다

깐부 할아버지에게

병상에 누워 있는
깐부 할아버지에게 묻고 싶은 게 있었다
할아버지!
슬하에 자녀는 몇이나 두었소?
할아버지는 얼른 계산하여 답하지 못했다
옆에 있던 간병인이 대신 답한다
3남 4녀요
할아버지 그럼 그 부하들은 다 어디 있소?
가끔 찾아오고 있소?
할아버지 용돈 쓰시라고 매월 얼마라도 보내주고 있소?
한 놈도 안 보내준다고요?
억울하지 않소?
자식농사 헛농사를 지었소?
할아버지는 치매가 쫌 왔는지 우물쭈물 답이 없다
옆에 있던 늙은 간병인이 나를 말곳말곳 쳐다본다
저 할아버지는 원래 갑부요
자식새끼들에게 의존하지 않는다오
오징어게임2가 곧 개봉된다고 하니
별 이상스런 꿈도 꾸어진다

깐부 할아버지요! 안녕히 잘 계시오!
흐지부지 결말도 없이
할아버지 속시원한 대답도 듣지 못하고
꿈을 깨고 말았다

구름다리를 피하다

가장 기억에 남는 구름다리는
충주 어느 호수 위로 지나가던 구름다리였다
그 다리를 건너기 위해서는
산으로 올라가서 케이블카를 타고 건너야 하는데
무서워 따라가지 않았다
가족들은 내게 같이 가자 사정했으나
나는 화까지 내면서 가지 않겠다고 버텼다
예까지 오셔가지고……
사위가 이해할 수 없다는 눈빛으로 바라봤다
…… 애들아, 나, 난, 그냥 번거로운 게 싫어
나 홀로 주차장 승용차 안에서
일행이 구름다리를 건넜다가 돌아올 때까지
기다려야 했다
…… 아니, 사실은 나, 난, 높은 곳이 싫어
그날 서너 시간 함박눈조차 쏟아졌는데 어느 순간은
한 치 앞도 보이지 않았다
훗날 가족들이 케이블카 안에서 찍은 사진과 동영상들을 보니
심지어는 조그만 애들까지 웃음 만발하고
아무도 무서워하지 않더라

세 끼 도시락

산처럼 쌓인 세 끼 도시락을 보고
사실 웃음이 났어.
어느 날 아내가 세 끼 도시락을 차려놓고 일터로 간 것을 봤지.
어제까진 무심했지만
아까까지 처져 있던 한 사내가 생각났기에
그 사내를 생각하며 무슨 좋은 수가 없을까 궁리하고 있었기에
아내가 정성껏 차려 준 세 끼 도시락을 보고
웃음이 나왔어.
흰 밥이 담긴 작은 통이 두 통, 농심 컵라면 한 개
밀봉된 수박 한 그릇, 계란 한 알, 된장국 한 통
김치와 풋고추
풋고추 찍어 먹으라고 그 옆에 된장 살짝
무위도식하는 남자에게 세 끼 도시락은 너무 과분하지 않은가.
반성도 해 본다.

이일권
jupsan21@naver.com

바운스
안양예찬
찬란한 6월
대림(大林)
인어공주

　최근 내 삶의 가장 큰 행복이라면 책 읽기, 글쓰기, 호기심 어린 눈으로 세상을 바라보기, 또 다른 나를 생각하기, 삶이란 독서와 글쓰기를 통해 나를 찾는 것이 아닌가 생각합니다.
　그동안 먹고살기 위해 처절하게 싸웠던 것을 뒤돌아보면 세상일은 아무것도 아닌 것이라는 생각, 지금 가장 행복한 것은 부족하지만 열심히 글을 쓴다는 것, 그것이 삶을 풍요롭게 한다는 것, 글을 쓰며 죽어도 좋다는 생각, 참으로 기쁨이고 즐거움입니다. 친구를 만나면 글 쓰는 것이 가장 큰 행복이라며 자랑도 합니다.
　2021년 『에세이문예』로 등단하였고, 현재 문인협회 회원으로 시집 〈점산역〉과 수필집 〈우리들의 고교이야기〉외 다수의 공저가 있습니다.

바운스

통통통 튀어 오르며 미소 짓는다
두 손을 높이 올리고 튀어 오르며
세상이 기쁜 것이라는 것을 알았다

텅텅텅 바닥을 구르며 박자 맞춘다
내 몸이 튀어 오르며 구름에 앉아 있다
온몸이 날아간다 날아간다
내 몸은 나의 것이 아닌 세상의 것

둥둥둥 북을 치면서 세상 시름 버린다
온 세상 고통 소리 북소리에 묻어
오직 사랑으로 세상을 바라본다

울렁울렁 울렁대는 설레는 마음
님 향한 사랑에 뜨거운 절정
세상에 가장 큰 쾌감
세상의 가장 큰 외침

바운스 바운스 바운스 바운스

안양예찬

문학의 도시 안양은 죽었다

문학의 도시엔 책이 없다
나무 아래 긴 의자에 앉아 있는 사람들
문학은 잊고 오직 주식으로 돈벌이에만 열광한다

문학의 도시엔 이야기가 없다
안양역에는 먹고 마시고 춤추고 하는 곳뿐
문학을 이야기하는 곳은 눈을 뜨고 보아도 없다

문학의 도시에 시인이 없다
꽃과 나비를 부르고 사랑의 찬가를 외치는
팬플룻 손에 든 시인과 함께
문학의 도시 안양에서 시 낭송 듣고 싶다

어느새 문학의 도시에 문학이 활짝 피어난다

찬란한 6월

그동안 아팠던 마음 모두 던져버리고
서운했던 마음 떨어버리고
새롭고 희망찬 날을 맞이하거라

그동안 벽에 막혀 하지 못했던 것 던져버리고
기쁜 마음으로 담쟁이처럼
오르고 올라 찬란하게 빛나거라

그동안 미워했던 사람들과 손잡고
막걸리 마시면서 서운함과 야속함 던져버리고
서로 아름다운 꽃을 피우거라

그동안 서로 생각이 다르다 하여
그리워도 만나지 못했고
보고 싶어도 보지 못했던 마음
풀고 만져주어라

이제는 서로의 미움과 비난
현수막 가득했던 서로의 나쁜 이야기

모두 태워버리고
서로 손잡고 앞으로 나아가자

육이오 통일 화합 우리는 결코 하나

대림(大林)

나무는 베어져 쓰러지며 울었다
커다란 드릴이 산과 산에 구멍을 내고
사람들이 밤새 술을 마시며 즐거워할 때
숲은 밤새 울고 울었다

나무로 싹을 틔워 숱한 어려움 속에
숲이 되고
작은 숲에서 서로 다투며
큰 숲이 되었다
지난해 시름시름 앓다 죽은 나무들처럼
살지 않으려
하늘까지 오르려 했던 것이
너무 과한 욕심이었나 자책도 한다

숲은 숲이어야 하고 늘 변함없어야 한다며
겸손하게 열심히 살아왔다
삶이 절대적 투쟁이라는 것을 알았을 때
숲은 어느새 갈가리 찢겨 있었다

영광의 상처를 훈장처럼 이마에 달고
숲은 여전히 세상을 바로잡으려
처절하고 끈질기게 투쟁한다

더 큰 숲이 되기 위해, 세상을 위해

인어공주

인어공주가 환하게 웃고 있다
해운대 바다에만 사는 줄 알았는데
미금역에도 살고 있다
오월의 아름다운 이른 아침
실오라기 하나 입지 않고
사람들을 아름답게 유혹하고 있다
공주라는 신분도 잊은 채

인어공주가 옷을 입고 있다
해운대 바다에서는 늘 옷을 벗고 있었다
살아 있는 모두는 옷을 입지 않고 있었기 때문
인어는 거추장스럽지만 미금역에선 옷을 입어야 한다
그렇지 않으면 과태료를 내야만 한다나

인어공주는 화장도 아름답게 해야 한다
해운대에서는 얼굴에 진흙을 바르기도
머리칼을 헝클인 채 해마를 타고
바닷속과 하늘을 찬란하게 날며 자유의 여신상
이곳에서는 화장하지 않았기 때문에

과태료를 내라고 하네

돌아가리라 돌아가리라
자유롭고 아름다운 해운대 바다로 돌아가리라

임찬순

noontree@naver.com

쉬는 시간
8월의 정오
부표
거짓말
한 끗 차이

2016년 어느 날 어느 시인의 [병든 잎]이라는 시를 읽다가 이런 글을 남겼다.
"그래 날도 더운데 쉬고 싶을 때 쉬렴. 너는 시인 지망생에 불과하지 않은가? 너는 아직 너의 글에 무책임할 권리가 있고, 또한 그 생산의 의무에서 자유로운 권한이 있지 않은가? ~ 〈심장이 요동〉하기 시작했다. 〈피냄새〉를 맡은 뱀파이어의 뇌처럼 〈살기〉의 호르몬이 분비되었다"

2025년 어느 날 나는 여전히 시인 지망생의 권리와 의무를 논하고 있다. 다만 〈심장이 요동〉하지도 않고 〈살기〉 호르몬도 분비되지 않은 채 시산작가회 동아줄만 잡고 있다.

쉬는 시간

1

구름 한 점 없는
뜨거운 오후,
별들은
어느 그늘에 쉬고 있나.

저 멀리 산 너머로 달려가
비좁은 구름 속 옹기종기
까치발로 함께 숨 참아내느라

찌릿한 발끝
찡긋거리는 코끝

2

느닷없이
하늘에 꽉 찬 구름

별들이 모두 내려와
낮게 주저앉았나.

누군가의 슬픈 이야기
함께 울어주다가
돌아가지 못하고

밤새 별 하나 없는 하늘
혼자 우르릉 쾅쾅

8월의 정오

처마는 거추장스러운 배려,
인색함으로 올려진 빌딩숲 도로
끼니조차 거른 아들딸들이
위장을 채우러 나간 거리

정오가 되면
사막이 되고 광야가 된다.

새벽부터 달려 온 햇빛,
무거운 다리 일으켜

키만 커버린 빌딩 아래
눈곱만큼 자라나는 그림자라도,
싹뚝 잘려 나간 가로수
숭숭 구멍난 그늘이라도
찾으려 분주하다.

그늘이 없어도
아이스 아메리카노 한잔,

얘기꽃이 활짝
양산이 되는 것도 모른 채

멀리 있는 구름이라도 데려올까
지글지글 타는 햇빛은
시곗바늘만 바라본다.

부표

소금기 진한 파도 날갯짓에
툭툭 흩어지는 하얀 살점들
스티로폼이란 것을 알았을 때

작아지는 몸뚱이보다
가벼워진 이름 버리고
흔들리는 선도 놓은 채
시선 너머 바다 끝으로 가고 싶었다.

들이치는 물살 숨이 막혀 거품을 게워내어도
부서진 몸 고래 속으로 던져진다 해도
버티고 설 땅 하나 없이
한 줄에 매달려 버틸 수 있었던 건
마지막 경계에서 지켜내야 할 것들 때문이었다.

시장에서 팔리는 생선보다
값비싼 환경보호

부표의 탈색된 이름표를 단 어제

고래와 거북이 실수로 들이킨 살점들이
대역죄인이 된 오늘
쓰레기로 폐기된다는 내일이
오기 전

바람이 서둘러 떠나자 한다.

놓지 못한 낡은 선
흔들리는 깊은 밤이다.

거짓말

사랑은
폭풍도 견디어내고
높은 산도 넘어가고
사나운 물살도 거슬러 가면서

작은 거짓말이란 도랑 하나
건너지 못하여 머뭇거리네

사랑이 말하네
폭풍 속에서도 든든한 당신의 팔을,
높은 산 너머에도 따뜻한 가슴을,
사나운 물살에도 든든한 어깨를 느꼈으나

작은 거짓말이란 도랑 뒤엔
당신이 없네

한 끗 차이

새는 노래한다 하고
매미는 운다 한다

저마다 같은 의미를
다른 방식으로,
다른 언어로 풀어간다.

다르면서도 같은 얘기
누구는 다른 얘기도 찰떡같이 알아듣고
같으면서도 다른 시선
누구는 같은 시선도 늘 다르다 한다.

마음의 숲을 한 발짝만 들어서면 알 수 있다.

시 · 임찬순

정진용

nowhereiam0@naver.com

어버이날 슬픈 가계도(家系圖)
근황
노을 자화상
사양(斜陽) 일관(一貫)
만우절 소묘

스스로 제주에 유형(流刑) 와
홀로 소라게[hermit crab]처럼 삽니다.

일삼아 놀면서 책 읽고 생각 버리고
느낌 줍고 다듬은 흔적입니다.

어버이날 슬픈 가계도(家系圖)

두 분 다 꿈에라도 아니 오신다.

아버지는 그곳에서 지내실 만한가 보다.
엄마는 세상일 다 잊고 가셔서 그런가 보다.
그런 핏줄 이은 손주처럼 소식 깜깜하시다.

꿈에라도 기척 하나 없으시다.

참 적막 뻐근한 집이다.

근황

나 말고는 아무도 없어

집[宀] 안에 콩[尗] 떨어지는 소리도 들릴 만큼
고요하디고요한 宋(적) 자가 수북수북 쌓여

고요하다 못해 쓸쓸한[寂寂] 나날로
아닌 일가(一家) 창설하는데

내 그림자 말고는 아무것도 없어

노을 자화상

요즘은 아무것도 안 하는 게 일이니
서슴없이 찾아오는 꿩 울음 들춰볼밖에

바위처럼 따분해도 아직은 살아있으니
바람과 노닥대는 난향(蘭香)에 귀청 내줄밖에

내 나이 지나가던 아버지처럼 그렇게
내 나이 지나갈 자식처럼 그렇게

바람 수다 들으면서 파도 소리 마시면서
옛사람 가슴 찬찬 들여다볼 수밖에

사양(斜陽) 일관(一貫)

세화오일장 둘러볼 때
장사꾼이 짐 싸는 모습 속에
파장(罷場) 쪽으로 걸어온 내 행적 흐른다.

서울 월곡동 지하 공장에서 다림질하고 재단 보조할 때 다들 봉제는 사양산업이라 했다. 시골 갈 때 탄 무궁화호 칠 벗겨진 형용은 후일에 철도 밥 먹는 내 미래 같았다.

사양(斜陽) 따라 사양(仕樣)대로 흐른 뒤
사람들 썰물 타는 제주도 뒤적이며

보는 사람 귀한 시 끼적이는 내 석양 한때가
장사꾼이 묶는 오일장 느슨한 오후만 같아

눈물 마렵다. 오일장 좌판에서 눈빛 구걸하는
늙은 호박만 같아 술까지 고프다.

만우절 소묘

해 질 무렵 바닷가 둥글둥글 누비는데
범종 목청이 바늘귀 그리운 실처럼 늘어지고

굽은 길 차르륵차르륵 감아 가면서 만난 맥놀이가
바위틈으로 들어가는 구렁이처럼 가슴 동굴 자르르 지나갈 때

봄날 더불어 내려앉는 벚꽃
  하
     르
 르

    하

  르

    르

고희석
ptist2000@naver.com

편곡의 맛
노래 풍선
냇물아 흘러 흘러

'글 한 줄에 책 한 권'이라는 심정으로 글을 쓰려 노력합니다.
독서가 바탕이 된 글쓰기는 꾸준한 저만의 과제입니다.
하지만 이번에도 역시 무모한 도전이었음을 반성하면서,
이번 글에는 노래를 업 아닌 업으로 사는 세월을 그려보았습니다.
읽는 이에게 자그마한 위로가 되기를 바라는 마음입니다.

편곡의 맛

　스웨덴의 국민화가 칼 라르손(Carl Larsson, 1853~1919)은 그림을 통해 가정의 따뜻함을 전했다. 그는 자기 가족의 행복한 일상을 그려 사람들에게 선보였는데 아담한 앞뜰에서 식사하는 가족 모습이나 거실에서 화분에 물을 주는 딸의 옆모습 같은 것이었다. 그는 이 그림들을 화집으로 냈는데 당시 유럽 사람들에게 대단히 인기가 있어서 제1차 세계대전에 참여한 유럽 군인들이 성경책 다음으로 그의 책을 많이 지녔다고 한다. 그림 속에 있는 가족의 행복한 모습과 집 안 인테리어는 그들의 꿈이 되었고, 결국 오늘날 북유럽인들은 그의 그림처럼 가정을 가꾸었다.
　음악도 사람을 행복하게 한다. 나는 장애인 교회의 합창단을 지휘하는데 이를 통해 사람들을 행복하게 하고 싶다. 스무 명의 대원에 바이올린과 트롬본 연주자를 갖춘 소규모 합창단이다. 한 달에 네 번 교인들에게 곡을 내어놓는다. 기성곡도 있고 내가 편곡한 곡도 있다. 재미있는 것은 기성곡보다 편곡을 공연할 때 청중의 감동이 더 크다는 사실이다.

　편곡하면 곡을 우리 실력과 정서에 맞출 수 있다. 어려운 곡은 쉽게, 쉬운 곡은 좀 더 짜임새 있게 편곡하여 발표한다. 편곡하다 보면 보통 내가 먼저 감동하는데 어쩌면 이것이 청중이 감동하는 근원인지도 모르겠다.

　편곡할 곡은 내가 좋아하는 노래로 고르는데 가능하면 대중이 잘 아는 곡을 선택한다. 〈옹헤야〉, 〈등대지기〉, 〈넬라판타지아〉 같은 곡을 성가곡에 맞도록 개사하면 얼마든지 교회에서도 부를 수 있다. 청중이 함께 호흡할 수 있으니 얼마나 좋은지 모르겠다. 편곡을 본격적으로 작업한 것은 불과 2년 전이다. 편곡 덕에 소진되던 열정이 되살아났다. 이곳에서 지휘한 지 근 15년이 되었으니 소진될 만도 했다.

　라르손의 그림처럼 내가 편곡한 음악을 듣는 사람들이 잠시 힘든 현실을 잊고 행복감에 젖었으면 좋겠다. 휠체어에 앉아서 나의 노래를 듣고 참 좋았다고 말하는 분이 계속 나타났으면 좋겠다, 교회에서 타령이 불쑥 나타나니 추억 겨운 웃음을 짓는 분이 계속 생겼으면 좋겠다.

　며칠 전 광복절을 맞아 우리 성가대에서 애국가 아리랑을 불렀다. 두 달 전에 아이디이가 떠올리 이리랑 편곡을 시작했다. 아리랑을 이모저모로 바느질하고 마지막에 애국가를 서두만 넣어서 편곡을 마쳤다. 사람들은 때맞은 곡에 열광했고 우레와 같이 손뼉 치며 좋아했다.

그림이든 음악이든 어떤 소재가 되었든 중요한 것은 그 안에서 느끼는 감동과 행복이다. 오늘날에는 라르손의 시대와 달리 위로를 받을 매체가 워낙 많아 어떤 하나가 큰 감동을 주기 어렵지만 그래도 적으나마 삶을 위로해 주기 바라면서 편곡한다.

내게 편곡은 아직 어렵다. 오직 감각만으로 세상에 없는 음을 찾으며 헤맨다. 그러다 보면 편곡이란 게 해답 아닌 해답을 찾으며 사는 우리 인생과 다를 바 없다는 생각이 든다. 그 길이 제일 좋은 줄 알았는데 지나고 나면 다른 길도 있다고 깨닫게 되듯, 음(音)도 제일 낫겠다 싶어 만들었는데 사람들 앞에 내놓으면 이런저런 평가가 있어 후회 아닌 후회를 할 때도 있다.

비록 전문가에게 자문을 얻어야 하는 아마추어 편곡인이지만 편곡 작업을 거의 매일 하다 보니 나도 음악인이 다 되었나 보다 하는 착각에 빠진다. '뮤지카(Musikar)'라는 악기를 연주하는 인도의 음악신 '가릉빈가'가 내게까지 날아온 것 같아 기쁨 어린 착각도 해본다.

합창 발표란 물 위에서는 단아하지만 물 아래에선 발을 동동거리는 백조와 같다. 많은 시간 애타는 마음으로 부단한 연습에 동동거린다. 물론 나의 편곡은 백조가 아니라 오리 수준이다. 그렇지만 생각은 늘 백조를 향한다. '이왕이면 너와'라는 말이 있다. 기와는 10년을 가지만 너와는 100년을 가기에 나온 말이다. 나무를 쪼개 널을 쌓아 너와집을 짓듯 최고의 음들을 찾아내서 편곡하고 싶다.

내가 이용하는 편곡프로그램은 'NWC'인데 나 같은 초보자에게 적당하다. 먼저 곡을 악보에 그린다. 악보를 그릴 때 가장 먼저 조를 선택한다. 최고음과 최저음의 높이를 대원 음역에 맞추려면 조 선정이 매우 중요하다. 잘못 선택하면 고음이 너무 높거나 저음이 너무 낮은 음자리에 위치하여 대원이 큰 곤란을 겪는다. 이제는 우리 대원이 예전 같지 않아 높은음이 잘 안 나와서 편곡할 때 조를 낮추는 일이 많다. 아쉽지만 성대를 상하지 않게 하려면 어쩔 수 없다.

이제 선율을 그릴 차례다. 이때 나는 '귀도(Guido, 992~1050, 수도사, 성당 지휘자)'에게 많은 빚을 진다. 그는 '도레미파솔라'라는 계이름을 창시해 성가대원에게 노래를 가르쳤다. 이른바 계명창이다. 나의 어린 시절 10년을 사로잡은 악기인 피리는 계명을 알아야만 부를 수 있어 나는 저절로 계이름 도사가 되었다. 노래만 알면 계이름이 떠오르기에 악보에 쉽게 그려진다. 천 원짜리 피리 하나가 날 아마추어 지휘자로 만들어주었고 초보 편곡자까지 되게 했으니 딴엔 대단한 존재다.

조에 맞춰 주선율을 그려내면 각 파트의 음들을 그린다. 이제부터가 어렵다. 각 파트 선율이 대체로 자연스럽게 떠오르지만 그렇지 못할 때는 화음에 맞는 음을 넣으며 악보를 한 마디 한 마디 채워간다.

악보는 그 자체로 경외심의 대상이다. '귀도'가 계이름과 4선 악보를 발명한 지 500년 만에 5선 악보가 사리 잡았다. 그동안에는 작곡자의 의중에 따라 6선, 10선 악보도 혼재했다. 서양에서 인쇄술을 발명한 지 50년 후인 1500년 경에 악보 인쇄술이 이탈리아에서 개발되었고, 악보를 일일이 손으로 그리던 이전 시대보다 훨씬 빠르게 5선 악보가 유럽으로 퍼져나갔다. 이에 따라 악보 표기법이 점차 표준화되어 1700년대 초중반 '바흐'에 이르러 완성되었다. 장장 700년의 역사가 악보에 들어있다.

'바흐'가 완성한, 음표의 동그란 머리나 8분음표의 새 깃털 꼬리를 보며 그에게도 감사한다. 마침 요즘은 그의 곡 〈미뉴엣〉을 편곡 중이다. 이는 나의 행복이며 장차 대원과 청중의 행복이 되기를 기대한다.

가사를 개사하는 일도 편곡의 일부다. 교회 합창단이라 성악이 아닌 곡을 편곡할 때 그리한다. 민요, 가곡, 동요, 심지어 가요까지, 이런 곡들을 너무 좋아하기에 얼마나 성가대 합창에 올리고 싶은지 모른다. 매주 발표하려면 많은 곡이 필요해서 장르를 가를 겨를도 없다. 다만 이런 곡들은 개사해야 해서 편곡 시간이 더 소요된다. 보통 한 곡 편곡에 일주일 정도면 충분하지만 개사할 경우 수 주 정도 여유를 두고 수정해 나가야 좋은 개사가 이루어진다.

이때 원곡 이미지를 살리려고 최소한의 가사만 바꾼다. 직설적인 종교 훈화보다 종교성을 담은 자연의 은유를 주로 사용하여 개사한다. 또한 가급적 소월의 운율을 따른다. '어서 따라 오라고 따라 가자고 / 흘러도 연달아 흐릅디다려' 같은 운율은 그 자체가 노래 같아 감동을 더한다. 우리 가곡 1,000여 곡 중 소월의 시가 140곡이나 차지하는 이유다. 나 역시 마다할 이유가 없다.

곶감에는 세 가지 맛이 난다고 한다. 햇볕의 맛, 바람의 맛, 그리고 시간의 맛. 음악도 맛을 낸다. 선율의 맛, 리듬의 맛, 화음의 맛, 그리고 짜임새 맛이다. 편곡은 이 중에 화음과 짜임새 맛을 담당한다. 작곡자가 주선율과 리듬을 만들면 편곡자는 간을 친다. 먼저 화음의 간을 친다. 중세의 그레고리안 성가는 오직 선율의 맛만 내었고 화음의 맛은 없었다. 중세 말 영-프 전쟁 동안 영국에서 대륙으로 흘러나온 화음이 대유행하면서 드디어 서양 음악은 화음의 맛을 지니게 되었다. 동양음악에서는 맛볼 수 없는 이 아름다운 맛은 오롯이 편곡자의 몫이다. 각 파트의 음을 화음에 맞춰 만들어낸다. 이따금 불협화음이나 사이음으로 소금 간을 쳐서 긴장을 고조시키다가 결국 협화음으로 마무리한다.

아마도 편곡자가 마지막으로 신경 쓰는 맛은 짜임새일 것이다. 곡의 짜임새란 하나의 선율에 여러 성부가 유사한 소리를 내는 것이다. 각 성부가 돌림으로 노래하거나, 대위법에 어긋나지 않으면서도 전혀 다른 선율을 동시에 내는 일, 혹은 사람과 악기가 번갈아 나타나는 일 등이 곡에 짜임새를 주는 일이다. 추석 명절에 찬송곡을 부르다가 배경음으로 다른 성부가 아리랑을 허밍한다면 그 짜임새를 통해 사람들은 새로운 감동을 받을 것이다.

이러한 여러 과정을 통해서 편곡이 완성되면 곡은 거칠거나 부드럽거나 온화하거나 슬퍼진다. 작곡도 해보라고 주변에서 얘기하는데 나는 전공자의 영역을 침범할까 조심스러워 일부러 하지 않는다. 편곡도 벅차고 바쁘다.

편곡을 마쳤다고 다 된 게 아니다. 악기와 합창단원들이 각기

제 역할을 해야 한다. 서로가 손이 되고 발이 되어야 한다. 우리 장애인 중에 방송통신대를 다니는 분이 있었다. 읽고 컴퓨터 자판을 누를 줄 아는데 글을 쓸 손이 마비된 사람이었다. 방통대 필기시험에 그가 불러주는 답을 대신 쓰면서 우리 직원들은 그의 손이 되어주었다.

합창도 이런 일이다. 사람도 악기도 서로 도와야 한다. 자기 자리가 있어 그 자리를 잘 지키는 일이다. 소프라노 알토 등 각 성부가 이야기를 만들어 갈 때 바이올린은 수직으로 활강하면서 이야기 공간을 창조한다. 확실히 청중은 그 공간을 느낀다. 우리의 다른 악기 트롬본이 그 공간에 나타나 강조할 내용을 알리면 피아노는 너무 나서지 않고 냉정하게 자신의 위치를 지키며 대화를 중재해야 한다. 나는 모두가 자기 자리를 잘 지키도록 안내하는 일을 한다. 나의 안내 실수로 전체가 틀릴 수 있어 곡이 흐르는 매 순간 긴장한다. 예나 지금이나 발표 당일 아침이면 거의 매번 배가 불편해 화장실에 간다.

편곡은 도면에서 시작하지만 언제나 끝은 현실에 있다. 사람과 악기가 조화를 내고 이를 듣는 청중이 잠시라도 감동하면 마침내 편곡이 마감되는 것이다.

노래 풍선

♬ '어쩌다 생각이 나겠지 냉정한 사람이지만 ~'♬ ('패티김' 〈이별〉 1972)
이 노래는 어릴 때 처음 먹어보는 맛의 기억 같다. 미역을 처음 깨물었을 때의 기억처럼 낭낭하고 아련하다. 추억의 노래는 뭐라고 꼭 집어 말하기 어려운 그 어떤 마음을 낳는다. 음과 음 사이에 창조의 공간이 있어 새로운 여백이 생기고 그 자리에 어떤 마음이 피어남을 우리는 종종 경험한다. 우리는 이 공간을 찾기 위해 음악을 듣거나 노래를 부른다. 음이 오르내리며 가사를 그리면 마음은 춤을 추고 무겁던 마음 번잡했던 마음이 위로를 받아, 마치 아이가 태어나듯 또 하나의 작은 생을 선물 받는다.

노래라는 유형의 추억 풍선이 있다. 올라탈 만큼 충분히 큰 애드벌룬이다. 이 풍선을 타면 그 시절의 마음이 피어난다. 그것은 도무지 공장에서 찍어낼 수 없는 신비로움이며 파스텔톤의 그 어떤 색을 지녔다. 맞다, 그것은 언제나 파스텔톤이었다. 희미하고 뿌옇게 처리가 된.

하루면 몇 번씩 이 애드벌룬에 올라탄다. 등장하는 노래마다 새로운 기분에 취해 어떤 날은 몇 시간이고 행복하다. 내가 이 풍선을 한가득 가져서 남들도 다 가득 가진 줄 알았는데 의외로 그렇지 않아서 놀랐다. 삶의 정황이란 워낙 다양하니까 당연한 일인데도 처음 몇 번은 의아했다.

오래된 통계이긴 하지만 한국갤럽에서 사람들이 한 달에 몇 번이나 노래를 부르는지 조사하였다(1994년, 조사인구 1,500명). 0번 16.9%, 10번 미만 52.3%, 20번 미만 12.7%, 30번 미만 10.4%, 매일 7.4%였다(출처 〈우리 대중가요〉, 선성원 저, 2008년).

이처럼 삶은 다양하다. 어쨌든 나는 매일 10번 정도 되니 아마 1% 군에 속할 것 같다. 몇 번의 놀람 뒤에 내가 이런 특성을 지닌 건 나의 독특한 이사 이력 때문임을 알았다. 나의 노래 풍선은 스무 곳 이상의 동네 풍경을 담고 있다. 서울에서만 스물한 번 이사했고 지방까지 하면 삼십여 번이니 그럴 법도 하다. 노래와 더불어 올라오는 감정의 색과 향이 노래마다 다르고 특정 동네로 구분이 된다. 그래서 당연히 몇 학년 때 노래인지까지 안다.

나의 노래 풍선은 6살(1960년대 말)에 시작된다. 당시 사람들에게 노래를 들려주는 매체는 라디오였다. TV는 마을 전체에 하나 있을까 말까 했고 라디오가 집집마다 보급되고 있었다. 전라도 아버지는 쌀 50가마를 판 돈으로 서울 신림동으로 상경해서 집을 짓고 가게를 열었다. 라디오를, 내 인생에 노래 풍선을 처음 만

들어준 '라디오'를 샀다.

아이는 밥을 먹다가도 골목 놀이를 하다가도 노래를 듣게 된다. 앞바퀴가 한 개뿐인 삼륜 트럭이 신림동 산동네를 오가다가 뒷바퀴 두 개가 논두렁에 빠져 동네가 떠나가라 엔진 고함을 지를 때 신기하다 구경하던 여섯 살 아이의 귀로 가수 '최희준'의 노래가 들려온다.

'인생은 나그네 길 어디서 왔다가~'(곡명 〈하숙생〉)

마을은 이제 막 초가 탈을 벗고 기껏해야 슬레이트나 꺼먼 기름종이(루핑)로 지붕을 덮었다. 2층짜리 집은 없었다. 노래는 낮은 지붕들 사이를 날며 유독 나의 귀에 들어와 박힌다.

약간 사족을 달자면, 차 한 대 없는 마을에서 좋은 구경거리였던 그 삼륜차는 그날 부릉부릉 용을 쓰다가 뻥, 하고 운전석이 터지며 순식간에 불에 휩싸였다. 런닝만 입고 있던 운전사는 온몸에 불이 붙은 채 으악 소리를 지르며 문을 박차고 몸을 던져 나오고 사람들은 도우려 달려들고 나는 무서워 집으로 도망쳤다.

다시 본론으로 돌아와서, 나의 노래 풍선은 이렇게 라디오 속의 '최희준' 아저씨로 시작된다. 기억의 각색인지 모르겠지만 그의 부드럽고 뿌연 목소리는 트럭이 내는 흙먼지 같다. 동네가 모두 흙길이라 트럭이 지나가면 마을 입구에 있던 우리집 앞에 보드랍고 뿌연 흙먼지가 일었는데 그 안에 나하고 노래도 흩어졌다. 〈사랑을 하면은 예뻐져요〉, 〈꽃집의 아가씨는 예뻐요〉 라는 노래로 익숙했던 '봉봉 사중창단'의 목소리도 그랬다.

뒷산은 관악산이었다. 〈산 너머 남촌에 누가 살길래〉 라는 노래를 들으면서 저 높은 산 너머는 어떤 세상일지, 누가 살지 궁금했다. 산 너머는 또 산일까? 끝도 없는 마을일까? 알 길 없었다. 〈꼼보쨈보〉라는 동네 노래에도 비슷한 가사가 나왔다.

'저 산 저 언덕 저 너머에는 무슨 사람이 살고 있을까 / 실례를 무릅쓰고 인사를 했더니 / 그 여자는 바로바로 꼼보였다네' 라는 가사인데 '너는 꼼보요 나는 쨈보요 / 꼼보 쨈보 만난 것도 인연이라네'로 끝났다. 이 노래는 가수 '금사향'의 〈소녀의 꿈〉이라는 노래를 가사만 짓궂게 바꾼 건데 당시 거리엔 천연두에 걸렸던 사람들의 곰보 얼굴이 흔했다. 사람들은 깔깔거리며 이 가사를 읊었다.

7살 때 종암동으로 이사를 갔다. 초등학교에 입학하던 해에 '김추자'의 노래에 취한다. 오가는 길에서 그녀의 노래가 들리면 그녀만의 분위기와 그 찌르는듯한 창법이 재미있었다. '사랑한다고 말할 걸 그랬지 님이 아니면 못 산다 할 것을'(《님은 먼 곳에》) 부분의 창법을 지금도 나는 그대로 흉내 내는데 사람들은 똑같다고 말한다. 하지만 거기까지, 그 뒤 고음을 찌르는 창은 도저히 못 한다.

'펄시스터즈'의 노래 '커피 한 잔을 시켜놓고 그대 오기를 기다리네'(《커피 한 잔》)가 종암 시장에 흐르면 학교에서 돌아오는 내 뒤로 '나훈아'가 '울며불며'(《님 그리워》) 찾아온다. 이 노래들을 따라오는 서울 종암동의 느낌은 다른 동네에서는 전혀 나타나지 않는다. 단지 1년 살았는데도 이 동네가 내게 잊지 못할 감성을 남긴

건 이런 노래들 덕분이다. 아니, 쉽게 물드는 나의 가요 감성 때문이다. 그때 〈마린보이〉〈황금박쥐〉나 〈두 손을 나란히〉 같은 아동요도 배웠지만 가요만큼 감성 강도가 강렬하지 않다.

다시 이사 간 동네는 '김상희'나 '은희', '박건' 같은 가수로 윤색된다. 때는 70년대 초, 마장동 시외버스터미널(지금은 없어진) 앞 식당 라디오 앞에 아이가 있었다. 그들의 노래 〈코스모스〉나 〈꽃반지 끼고〉 또 제목도 모른 채 '지금도 마로니에는 피어있겠지'(《그 사람 이름은 잊었지만》)를 따라 불렀고 골목을 오가는 마음에 꽃이 피었다. 그 동네만의 향기로.

초등 2년 아이는 학교까지 자전거를 타고 갔다. 당시엔 찻길에 뒤가 널찍한 짐 자전거가 많이 다녔고 손을 들고 태워달라는 나를 충분히, 그리고 기꺼이 태워주었다. 고마운 형아들, 아니 삼촌들이다. 휘파람 속의 그들 노래와 나의 노래가 날마다 자전거 택시를 탔다. 뒤이어 '정훈희'가 등장하고 혜성처럼 '남진'이 따라온다.

이 시대의 가수들은 지금처럼 기획사에서 만들어내지 않고 개성으로 번쩍 등장한다. 작곡가의 눈에만 들면 가능했다. 한 예를 들어본다. 우리 큰엄마가 내게 들려준 이야기다. 큰엄마가 전라도 노래자랑대회(대회명은 정확하지 않음)에서 2위를 했다. 이제 누군가가 가수로 불러주기만 하면 되었을 테지만 만삭의 여인이라 아무도 불러주지 않았다. 그리고 그 대회 1위였던 '조미미'가 일약 스타로 데뷔한다. 그녀의 대표곡 〈바다가 육지라면〉이 TV에 나올 때 큰엄마는 울다 웃다 하셨다.

아쉬운 추억이야 어쨌든 이처럼 당시 가수들은 기획사 작품이 아니라 실력과 개성으로 승부했다. 이들은 미8군으로, 또 우리 집이 TV를 샀던 72년쯤에는 TV 방송으로 진출해 활동했다. 가수들은 이전보다 더 쉽게 대중과 호흡할 수 있었고 다른 오락거리가 없었던 당시에 극한의 인기를 누렸다. 그들은 날마다 안방으로 찾아오는 가족 같아서 어린 나도 친근하게 느껴졌다.

그런데 내가 초등학교 6학년 때 이들을 '대마초 파동'으로 감옥에 잡아넣는 일이 생겼다. 100명이 넘었다. 이상했다. 이 가수들은 좋은 사람들인데 어쩐 일이지? 내가 좋아하는 가수들이 전부 끌려가니 뭔가 꾸며진 일 같았고 나중에는 잡아가는 사람들이 미웠다.

그들의 노래가 갑자기 사라졌다. 수백 곡의 노래가 사라졌다. '말없이 건네주고 달아난 차가운 손'(《편지》, '어니언스'), '시냇물 흘러서 가면 내 사랑 찾아오겠지'(《나는 너를》, '장현') 등등의 노래를 들을 수 없었다.

그 후로 십 년 이상 그랬다. 바빠 사느라 잊을 법도 한데 노래는 수시로 내 입술에서 요동쳤고 저 멀리 어디선가 들려오는 듯했다. 노래도 상처가 담기면 마음에 미치는 영향이 증폭되는 것 같다. 당시 집권자는 어린 나도 잡아넣었던 셈이다.

2000년대에 인터넷 시대가 되어 노래 음원을 살 수 있게 되었다. 가수 '이수미'의 〈내 곁에 있어주〉를 몇십 년 만에 다시 듣는데 가슴이 터져 왔다.

'아, 이거였어. 그때 그 노래 그 음성!'

더불어 솟구치는 그날의 향기라니. 전봇대에 머리를 박고 '꼭꼭 숨어라 머리카락 보인다, 하나 둘 셋 …… 열!' 하던 5학년 때 그 골목만의 애틋함이 훅, 하고 가슴에서 터졌다. 이십 대 때부터 가슴에 들어찬 시절 배고픔이 더 깊어졌다.

배고픔을 해소하려고 추억의 동네들을 한 이십 년 주섬주섬 찾아다녔다. 스무 곳을 다 돌고 마지막으로 찾은 동네는 5, 6학년 때 살았으니까 실로 40년 만이었다. 개발로 변해버린 골목 골목을 뒤지다가 옛집을 찾았을 때 한 시간여 그 앞을 떠나지 못했다. 그곳에서 가수 '김정호'의 〈이름 모를 소녀〉가 수십 년 동안 날 기다리고 있었다. 이 노래를 담아 수필을 썼다. 쓰지 않을 수가 없었다. 그렇게 여러 곡 여러 편이 써졌다.

나의 노래 풍선 이야기는 '대마초 파동' 이후로도 계속되지만 이제 그만하는 게 좋을 것 같아 여기서 멈춘다. 잠시나마 삶을 나눌 수 있어서 좋았고 그래서 이 지면이 고맙다.

노래 풍선은 부드러운 레가토나 때로는 뚝뚝 끊어지는 스타카토로 우리를 이끈다. 가볍기도 하고 무겁기도 하며 기쁘기도 하고 애잔하기도 한데, 나는 이 과정의 최종 결과를 가벼움에 두려고 노력한다. 삶을 가볍게 가져가고 싶어서다. 미련 같은 거 버리고 웃을 건 웃고 울건 울고 잊을 건 잊고 싶으니까.

냇물아 흘러 흘러
― 친구들에게

♪
'냇물아 흘러 흘러 어디로 가니
강물 따라 가고 싶어 강으로 간다' ♪

동네 도서관 뒤로 작은 개울이 흐른다. 도서관 옥상에 오르면 이 개울이 바로 아래에서 구불구불 흐른다. 어제 밤새 많은 비가 왔고 지금은 잠시 비가 멈췄다. 아직은 흐린 날씨지만 비가 많이 온 덕에 뿌옇게 보였던 먼 산들이 가까이 다가올 정도로 시야가 트였다. 가을바람이 상쾌하다. 그래서인지 개울이 오늘은 유난히 맑아 보인다. 물이 좀 늘었어도 흐름은 여전히 낭랑하여 어린 아이처럼 얌전히 흐른다.

♪
'냇물아 흘러 흘러 어디로 가니
강물 따라 가고 싶어 강으로 간다' ♪
노래가 입에 오른다. 강으로 가고 싶다는 말이 참 좋다.

옥상에 서면 멀리 산들이 보인다. 가까운 불암산은 하얀 바위들이 수직으로 서서 하늘과 손뼉을 치는 듯하고 바로 옆 수락산은 바위가 많은데도 숲만 보인다. 뒤로 도봉산 인수봉이 자그맣고 북한산은 더 작게 보인다. 오늘은 구름이 낮아 북한산 봉우리가 거의 구름에 맞닿을 정도다.

이 산들을 보면 언제나 제일 먼저 떠오르는 얼굴이 중학 동창들이다. 북한산 아래에서 같이 학교에 다녔고 틈이 나면 산으로 놀러 다녔다. 그들은 지금도 산 좋아하고 북한산 자락에 사는 친구도 있다. 그래서인지 여기에 서면 저 산들과 그들이 중첩되어 연락하곤 한다. 지금도 문자를 날리려다가 아예 이 글을 써서 그들에게 보낼 작정이다. 예나 지금이나 기쁨 반 눈물 반 섞여 사는 그들에게.

가사를 생각한다.
냇물아 흘러 흘러 어디로 가니 강물 따라 가고 싶어 깅으로 긴다.

어린 날에는 궁금했다. 저 물들은 어디 어디로 지나갈까? 도무지 알 수 없었다. 그래서 냇물에게 묻고 싶었고 노래에 쉽게 동화가 되었다. 그 막연함을 생각하니 미소가 절로 난다. 막연해서 꿈이 있었고 막연했기에 내일을 그리며 살았다. 막연했기에 놀았고 그랬기에 공부했다. 그랬기에 친구들과 운동장을 달리고 산을 달렸다.

지금 저 아래 냇물은 잠시 후 퇴계원에서 왕숙천으로 갔다가 구리를 지나 강동대교 아래에서 한강으로 간다. 이렇게 훤히 아니까 싱겁다. 더 이상 냇물과 대화를 나누고 싶지 않다. 어디로 가느냐고 묻고 싶지 않다. 차라리 모른다면 상상의 나래를 펴서 꿈이 되고 내일이 될 텐데. 그 감동으로 뭔가 더 행복했을 텐데.

어쩌면 지식은 감동을 잡아먹는 괴물인지도 모른다. 그래서 지식이 늘어나는 어른이 되면 그만큼 감동이 사라지는지도 모른다. 지식이 중요하지 않다는 건 아니다. 그것도 중요한 삶의 일부니까. 하지만 마음 한구석에 아잇적 막연함에 대한 그리움이 자리하고 있음을 어이하랴? 지금처럼 냇물이 선명하면 흘러 흘러 어디로 가는 건지 궁금해하고 싶은 걸 어이하랴, 그렇게 노래하고 싶은 걸 어이하랴, 그걸 곧이곧대로 믿을 수 있던 날들이 그리운 걸 어이하랴?

친구들아, 그래서 더 귀한 내 친구들아!

김미선

clovermisun@naver.com

늘 봐도 예쁜 야생화
버킷리스트 1
행복했던 7월의 추억

　작가회 일원으로 함께 할 수 있도록 늘 도움 주시며 격려해 주시는 회원 여러분 덕분에 저의 글이 한 편씩 활자화되는 기쁨을 맛보고 있습니다.
　책이 만들어지는 과정을 통해서 작은 기록도 소중함을 배우고, 맞춤법도 다시 배우고, 우리말 사랑도 배웁니다.
　저를 항상 함께 할 수 있도록 이끌어주시는 모든 회원님이 익어가는 가을과 함께 늘 행복하시고 건강하시길 바랍니다.

늘 봐도 예쁜 야생화

찌는 듯한 더위로 숨이 턱에 차도록 더운 어느 날 친구와 피서 겸 정선 아리랑 열차로 여행을 떠났다.

출발시간보다 미리 집을 나서 버스를 탔다. 약속 장소는 익숙하기도 하고 가까운 곳이라 바로 도착할 줄 알았는데 청량리 근처에서 정차한 버스는 움직일 생각도 못 했다. 우리 쪽 차선에서 발생한 트럭과 승용차 3대의 4중 추돌 사고 때문인지 정지된 상태로 한참이나 기다렸다.

예상 시간보다 늦게 약속 장소에 도착했다. 추억여행사 가이드한테 도착했음을 알리고 일정표를 받은 뒤 친구를 기다렸다. 어디냐고 묻는 친구 전화를 받고 일어나서 손짓하니 친구가 반갑게 손을 흔들며 다가왔다. 우리는 출발시간에 맞춰 정해진 기차 좌석에 앉았다. 창밖으로 흐르는 풍경보다 친구와 수다 삼매경이 더 좋았다.

기차 안에서 진행한 아리랑 공연도 괜찮았다. 학창 시절에 아리랑 몇 곡만 조끔씩 들었을 뿐인데 전래 아리랑 노래가 천삼백 가지가 넘는다고 했다. 가사가 애절한 아리랑을 들으며 눈물 날 것만 같았는데 어느덧 기차는 정선역에 도착했다.

버스로 갈아타고 함백산 야생화군락지에 도착했다. 삼삼오오로 나뉘어 꽃이며 나비 이름을 알려주는 숲해설가 설명을 들으면서 예쁘게 핀 꽃과 나비 유혹을 사진으로 담았다. 숲해설가보다 몇 걸음 앞서가며 친구는 잘 오고 있는지 간간이 확인하면서 꽃을 사진으로 찍느라 어떻게 시간이 가는 줄도 몰랐다.

이질풀은 보라색 야생화였는데 얼마 전에 백두산에서 보고 온 선이질풀과 닮아서 신기하고도 반가웠다. 이질풀은 설사를 멈추게 하는 효능이 있어 오래전에 우리나라에서 민간요법으로 사용했다는데 의약품이 부족한 북한에서는 아직도 민간요법으로 쓰고 있다는 해설가 말씀에 북한 사람이 짠한 생각도 들었다. 색색의 꽃과 화려한 나비의 날갯짓도 환상적이었다. 어릴 적 들에서 한 움큼씩 꺾어서 가지고 놀았던 익숙한 꽃이 발길을 잡았는데 꽃향기가 지금도 눈앞에 삼삼하다.

몇 년 전에 몇 번이나 기다렸다가 간신히 갔던 곰배령에서 찍은 야생화보다 함백산에서 찍은 꽃이 더 많고 예뻤다. 함께 가자고 권한 친구에게 고마웠다. 생각시도 못하고 받은 선물이라서 너무너무 행복한 7월의 추억 만들기였다.

이번 여행도 즐거움 속에 아쉬움도 조금 있었다. 상가는 오픈 전이라 커피 한잔 마실 데도 없었고 지역 상품 하나 구매할 수 없었기 때문이다. 관광객 처지에서 좀 더 배려해 주었으면 좋겠다. 그나마 지역에서 사용하라며 나누어준 상품권으로 현지인이 자주 다닌다는 식당에서 먹은 오징어볶음이 정갈해서 다행이었다.

나는 지금부터 내년 함백산 야생화축제를 기다린다. 익숙했던 말나리, 노루꼬리, 개망초, 민들레꽃 등등 내년에는 그 녀석들 이름 기억하기 여행을 가야겠다. 함께 갈 사람?

버킷리스트 1

2025년 6월 27일. 오늘은 백두산으로 여행 가는 날이다.

새벽 3시 30분쯤 집을 나서려는데 현관문 여는 소리가 들렸다. 딸내미가 들어오며 말한다. "준비 다 했으면 버스 타는 데 가방 들어다 드릴게요."

캐리어를 들고 일어서는 딸을 따라나서면서 중얼거리듯 한마디 했다. "혼자 할 수 있는데 왜 왔어."

엘리베이터가 없는 빌라 5층이라서 어떻게 짐을 나를까, 내심 걱정한 속내를 변명하듯 덧붙였다. "괜찮은데……"

수험생이 둘이라서 힘들고 바쁜 딸아이한테 고맙기도 고맙고 미안하기도 미안했다.

새벽 4시에 출발하는 버스를 타려고 버스 정류장에 도착했다. 벌써 도착한 친구들이 손을 흔들며 반겼다. 깔깔거리면서 수다 떨다 보니 벌써 공항이다. 가이드를 만나니 벌써 공항 수속을 다

끝냈단다.

　면세점 이곳저곳을 구경하면서 해외여행 다닐 때 늘 사는 향수도 미리 면세가에 사서 캐리어에 넣어두었다. 여행하는 동안 함께할 룸메이트와 공항 이곳저곳을 구경하다 보니 탑승 시간이다. 비행기에 오르니 마음은 벌써 백두산에 가 있다. 설렘에 비행기 창밖을 보니 하늘이 너무너무 예쁘다.

　비행기 안에서 기내식만 먹은 것 같은데 벌써 연길이다. 2시간 동안 이도백하로 이동해서 미인송조각공원과 유리잔도를 관광했다. 저녁은 중국 현지식 무한 리필인 삼겹살 파티였다.

　장백호텔에 짐을 풀 때 가이드가 당부했다. "커튼을 꼭 치고 주무세요."

2025년 6월 28일. 미처 다 못 닫았는지 커튼 사이로 햇살이 새어들고 있었다. 커튼을 여니 창밖 풍경이 한나절 같다. 서둘러 준비를 마치고 보니 새벽 5시였다.

　아침을 먹고 송강하로 이동했다. 다시 셔틀버스로 서파산문에서 주차장으로 이동했다. 꽃가마를 타고 서파주차장에서 천지까지 이동할 수 있는데 요금은 팁을 포함해서 우리나라 돈으로 20만 원이 넘는다고 했다. 그래도 타고 가는 사람이 있었다.

　백두산 천지는 1,442개 계단을 올라가야 볼 수 있다. 친구들과 서로 격려하며 앞서거니 뒤서거니 하면서 계단을 올라갔는데 조상 3대가 덕을 쌓아야 볼 수 있다는 백두산 천지가 우리를 기다리고 있었다. 여기가 중국인지 모를 정도로 우리나라 사람이 많왔다. 간간이 보이던 하얀 눈 사이에 핀 야생화 사이로 민들레꽃과 개망초꽃이 낯익은 듯 정겨웠다.

 계단을 내려와 한 조각 수박을 사서 한입 베어 무니 너무 달고 맛있었다. 현지식 중식도 먹고 이도백하로 이동해서 발 마사지를 받았는데 너무너무 시원해서 그 많은 계단을 오르내린 피로가 싹 씻겨나가는 것 같았다. 소불고기 정식으로 저녁을 먹고 룸메이트와 이야기도 나누고 내일을 위해 잠자리에 들었다.

2025년 6월 29일. 백두산 여행 마지막 날이다. 호텔에서 조식 후 북파산문으로 이동했다. 다시 셔틀버스, 10인승 봉고 차량으로 갈아타면서 연이어 이동했다. 북파에서 백두산 천지를 보기 위해 천문동 쪽으로 올라갔지만 천지는 보지 못했다. 패딩에 내복에 우비까지 착용했어도 추워서 앞을 못 볼 만큼 비바람이 거셌다. 한겨울인 듯 손도 시려서 사진도 못 찍을 정도였다. 어제 서파에서 본 백두산 천지 풍경으로 만족해야 했다.

 현지식으로 중식 후 장백폭포로 이동해 온천물로 삶은 계란을 먹었는데 지금도 그날 본 장백폭포가 눈에 선하다. 이어서 가곡 '선구자'에 나오는 해란강과 일송정 그리고 용두레우물을 차례로 둘러보았다. 연길에서 연변대학 근처 왕홍창 거리와 브르하통 야경도 보았다. 연변식낭에서 여행 마지막 저녁을 먹었는데 식당 운영자가 한국 사람이어서인지 우리 일행을 위해 준비한 오이미역냉국이 너무 맛있었다. 오이채 몇 가닥에 미역 역시 건지면서 셀 수 있을 정도였지만 상큼하고 맛났다.

저녁을 마치고 호텔에 도착했다. 중국에서 보내는 마지막 밤이 지나면 일상으로 돌아가야 하는 게 아쉬웠지만 다음에는 북파에서도 천지를 볼 수 있기를 바랐다. 이번 여행에서 기억 깊이 남은 것은 두만강 근처에서 망원경으로 바라본 삭막한 북한의 모습이었는데 우린 정말 행복을 누리는 자유인이라는 생각이 절로 들었다.

나는 벌써 버킷리스트 2를 계획하고 있다. 다음은 한라산 백록담 찍기다. 누구 동행할 사람 있을까.

행복했던 7월의 추억

 지나가 버린 순간순간을 아름답게 돌이켜보는 것이 추억은 아닐까. 지금은 별 의미가 없는 시간일지도 모르겠지만 먼 훗날 엄마 부재 때 넘겨볼 시간의 추억을 많이 남겨 두려고 사진을 찍고 또 찍는다.
 엄마 부재 시에 다가올 허전함에 문득, 후회될 것 같다는 생각이 들었다. 그래서 작년 10월 말쯤 며느리에게 말했다. "이젠 손녀가 할머니보다 엄마랑 보내는 시간이 더 많이 필요할 때다. 이제는 네가 손녀랑 같이 있어 주었으면 좋겠다. 나는 우리 엄마가 돌아가신 후 후회하고 우는 것보다 지금부터라도 더 많은 시간을 같이 보내고 싶다."
 퇴근 후 엄마한테 다닌 지가 벌써 8개월째. 금방 돌아가실까 봐 걱정하며 시작했는데 그새 엄마는 많이 나아지신 것 같다.
 엄마랑 함께하기 전에 손녀딸이 말했다. "할머니, 난 엄마랑 노는 게 제일 행복해요." 그런 손녀에게 엄마랑 시간을 보내게 했고 그 이후 나도 친정엄마를 돌볼 수 있는 시간을 낼 수 있어 일거양득이었다.

할머니의 손녀 사랑은 그저 지켜보며 보듬는 사랑일 뿐이다. 손녀가 어린이집으로, 유치원으로 다니면서 엄마와 함께 못했던 추억을 요즘에 엄마와 함께 만들어 가는 모습이 행복해 보여서 다행이다. 나 역시 엄마랑 시간을 함께하며 봄꽃이 필 때면 봄꽃을 보러 가고 여름꽃이 피면 여름꽃을 보러 다닌다. 엄마가 너무 좋아하신다.

고양시 꽃박람회에 가서 우리나라 꽃 말고도 수없이 많은 꽃을 곱다고 하시며 바라보시던 모습이 순수해 보였다. 여름꽃인 연꽃축제를 보러 두물머리며 시흥 관곡지를 다니면서 엄마 부재 시에 남을 그리움을 사진으로 남겼다. 함께하는 시간이 너무 행복하지만 이런 추억 만들기도 얼마 남지 않은 것 같아서 더욱 소중하기 때문이다. 늘 동행하고 최선을 다해준 동생 내외가 감사하다.

처음 '가족요양'을 시작하려고 할 때 남편이나 딸내미가 말렸다. 엄마가 케어 받을 나인데 힘들어서 안 된다며 일주일에 한두 번만 다니라고 했다. 너무 속상하고 화가 나서 성질을 부렸다. "이다음에 엄마가 아파도 오지 마라. 일주일에 한 번만 와라. 그것도 싫으면 오지도 마"

내가 힘들까 봐 말렸다는 걸 알면서도 서운했기 때문이다. 나 역시 무리라는 걸 알면서도 '가족요양'을 시작했는데 돌이켜보니 정말 잘했다. 언제까지일지 모르겠지만 엄마가 하늘로 소풍가시는 날까지 요양보호사가 아닌 딸과 함께 추억도 만들고 아들들 며느리들의 시간도 추억에 남게 해드리고 싶은 게 욕심으로 끝나지만은 않겠지 싶다.

아들 다섯, 딸 둘. 그중 한 녀석만 먼저 하늘나라로 소풍 보냈으니 울 엄마의 노후가 그래도 다복하신 것 같다. 목욕을 시켜드리며 엄마 서운했던 시간은 하나씩 잊어버리고 좋은 일, 좋은 시간만 기억하시라고 말씀드리지만 지금은 계절도, 시간도 많이 잊으셨다. 이 더운데 옷도 겹쳐 입으시고 드시는 것도 언제 몇 개를 드셨는지 아침을 드신 건지 점심을 드신 건지 잘 모르신다. 저녁 식사하세요, 하면 아까 먹었는데 또 먹냐, 고 하신다. 많이 나쁘지 않은 지금처럼 지내시다가 주무시듯 친정아버지 계신 데로 소풍 떠나시기를 간절히 바랄 뿐이다.

김미애
tobitt@naver.com

산행기
군산 방축도
사량도 지리산

 앞이 훤히 트인 10평 남짓한 가게에서 하루 종일 읽은 글자라곤 도로 건너편의 '송학떡전문점' 간판이 전부일 때가 있다. 도로변 은행나무에 가려서 바라보는 위치에 따라 '송학떡전문점'은 '송떡전문점'이 되기도 한다.
 어느 날, 은행잎이 바람결에 종이비행기 날 듯 가게 안을 기웃거리다 만두 찜기 위에 살포시 앉았다. "아줌마, 뭐 하세요?" 호기심 많은 은행잎의 질문에 뭐라고 답할까?

산행기

　휴일에 맑은 공기도 마실 겸, 운동 삼아 약수터에라도 갔다 오자고 하면 일주일에 최소한 네다섯 번은 가야 운동 효과가 있지 한 번 가고 말 거면 안 가느니만 못하다는 남편이었다.
　남들은 끼리끼리 산에 잘도 올라가는데 걷는 것도 싫어하고 산과 담을 쌓고 살아온 남편은 15년을 살았던 동네 인근의 야트막한 산에 기껏 서너 번이나 올라갔을까.
　그마저도 산에 조금만 올라가면 가슴에 통증을 호소했고, 발목을 삐거나 종아리나 허리가 아파 며칠 고생을 하였다. 그랬던 남편이 2018년 봄, 가까운 산에 바람 쐬러 가자는 친구들의 권유로 보성 초암산에 갔다. 초암산 등산로를 20미터도 못 올라가고 여기에 왜 왔을까, 후회막급이었고, 가슴이 답답하고 발이 천근만근 무거워 몇 번이나 철퍼덕 주저앉아 쉬곤 하였다고 했다.
　"여기서 조금 쉬었다 갈랑께 느그 먼저 올라가야!"라고 말하고 슬그머니 혼자 집에 와버리고 싶었는데 그때마다 친구들이 끈기 있게 기다려줘서 산 정상에 오를 수 있었다고 했다.

초암산 정상에 올라 산 아래를 내려다본 남편이 대체 얼마나 깊은 감명을 받았던 걸까.

"이야! 정말로 좋다야! 산이 이렇게 좋은 줄 몰랐다. 이런 기분은 머리털 나고 처음이다야! 정말 고맙다!"라는 말을 몇 번이고 되풀이하면서 조만간에 다시 오겠다고 선언했단다.

내게도 산 정상에 올라 산 아래를 내려다보았을 때 정말로 좋더라며, 얼굴에 이루 형용할 수 없는 감명을 받은 표정이 그려졌다. 그리고 남편이 180도로 달라졌다. 꼭 내게 보여주고 싶은 산이라며 조만간에 같이 가 보자고 하였던 초암산에 나와 함께 다시 갔고, 영암 월출산 광양 백운산 제주도 한라산을 오르고 '블랙야크100대명산'을 완등한 후 어게인 산행을 했다.

아래에 소개한 〈차박 산행〉은 어게인 산행 40좌 무렵에 남편이 블로그에 써 놓은 걸 슬쩍 퍼왔다.

차박 산행/취한랭보[2]

추석 2주 전부터 맘먹었던 산행이 이런저런 이유로 차일피일 미뤄지다 연휴가 지난 오늘에야 시작되었다. 오늘이라고 '옛다' 하고 뚝 떨어진 휴가처럼 맘 편한, 홀가분하게 며칠간 집을 비울

---

2 남편의 블로그 닉네임

계제는 아니고 두 눈 질끈 감고 발길을 옮긴 참이다.

가야산, 금오산, 팔공산, 비슬산으로 다녀올 생각이다. 아내의 '블랙야크100대명산' 인증지이고, 난 어게인 40좌 언저리다.

출발 시간이 계획보다 많이 늦어졌다. 나흘간 먹고 입을 것이 생각보단 많다. 어쨌든 출발!

어라~? 연료가 바닥이다. 추석날, 어머니랑 목포로 종일 드라이브하느라 홀랑 다 까먹고 10리터쯤 남은 것 같다. 시간이 빠듯하여 고속도로 휴게소에서 넣을 요량으로 그냥 달린다.

지리산휴게소에 들렀더니 기름값이 너무 비싸다. 저렴한 곳에 비해 1리터 당 거의 100원이 비싸다. 에라이~~. 내비게이션이 친절하게도 다음 휴게소가 20km쯤 가면 있단다. 그럼 가던 길 가야지!

김천휴게소가 금방이다. 사람이 먹고 싸는 건 다 있다. 근데 ~~헐! 차 먹이가 없다. 애마는 먹이를 안 주면 앞으로 40km만 데려다주겠노라고 겁박을 하고, 내비게이션은 다음 휴게소까지 35km 거리란다. 거기에다 설상가상으로 안내판 표시에 수저, 포크는 있는데 주유기는 없다.

난감하지만 할 수 없다. 고속도로를 빠져나와 애마에 먹이를 97,000원어치 가득 줬다. 애마가 덩치만큼 많이 먹는다.

이제 산행 시간이 걱정이다. 가야산이 국립공원이니 입산 시간도 그렇고, 애초에 계획했던 만물상 코스를 포기하고 해인사로 향한다. 만물상 코스가 조망이 좋고 산행도 지루하지 않은데,

대신 로프 구간도 있고, 암벽 사이도 가야 하고, 해인사 코스보다 성가셔서 어두워지면 곤란할 성싶다.

'그래, 꽃길로 가자.'

해인사 입장료로 거금 만 냥을 내고 입산. 1km 남짓 올라가야 있는 탐방소에서 입산 시간이 지났다고 못 들어가게 한다. 헐! 웬 하루 일진이 이처럼 요란할까! 허나, 울 부부, 국립공원 직원에게 갖은 얘기로 사정해서 '여차하면 얼른 되돌아오겠다'란 굳고 진심 어린 약속을 담보로 탐방로에 들어섰다. 연휴 끝이고 월요일이라 산객은 드물다.

"이제야 올라가세요?"

금방 만난 중년 부부가 걱정을 담아서 말을 붙인다. 그들이 보기에 울 부부가 갑갑한 모양이다. 그렇기도 하겠다. 요령도 별로 없을 것 같은 중년 부부가 오후 3시가 다 되어서 1,400m가 더 되는 산을 오르겠다고 하니 말이다.

고마운 말씀….

어쨌든 울 부부는 칠불봉까지 둘러보고 일몰 전에 해인사 구석구석을 둘러보았으니, 여기로 온 게 오히려 잘했다 싶다.

이제 금오산으로 가는데 숙박을 휴게소로 정하여 일부러 고속도로로 경로를 정했다. 차박을 하기에는 고속도로 휴게소가 여러모로 제일 나은 것 같다. 중간쯤에 있는 성주휴게소에 갔다. 여기는 아마 화물 운전자를 우대하는 곳인가 보다. 승용차와 트레일러는 숙박이 안 된다고 경고문이 세워져 있다. 그래도 뭐 그냥 있기로 한다. 휴게소가 여기뿐이라 어쩔 수 없다. 다행히 아내도 태블릿으로 책 교정을 식당 코너에서 하고 잘 쉬고 아침 8시쯤 금오산으로 달려간다.

음~~몸이 무겁다. 척추와 발목의 이상 신호를 인지한 지가 꽤 오래전이다. 어제는 좀 수월하더니 오늘은 영 좋지 않다. 이제 겨우 산행에 재미를 붙이는 참인데 어쩔 거나?

아내와 이런저런 얘기를 하며 억지로 걸었다. 다혜폭포를 지나 할딱고개를 지날 때쯤 몸이 풀리며 동작이 수월해진다. 금오산 현월봉(해발 976m) 정상석이 두 곳인데 지난번에 왔을 때는 정상석을 한 곳만 찍었었다. 오늘은 정상석 두 곳을 모두 살펴보고 인증샷을 남긴다. 이제 내일은 팔공산 일출을 볼 거다. 내비게이션을 살펴보니 고속도로 구간이 짧아 휴게소를 못 만난다. 그래서 오늘은 금오산 저수지 아래 공원에서 차박하고 새벽 3시쯤 팔공산 하늘정원으로 출발할 예정이다.

영화를 한 편 보고 알람을 3시에 맞추고 좀 늦게 잤더니 알람이 울렸지만 조금 더 눕는다는 게 50분을 더 자버렸다. 혼비백산하여 급히 차를 닦달해 팔공산으로 향한다.

일출 시각이 6시 05분. 빠듯하다. 서둘러 걸음을 옮긴다. 거무스름한 구름 띠가 동녘에 드리워져 있다가 서서히 여명이 밝아온다. 불그스레한 아우라가 점점 펼쳐진다. 여러 번의 시도 끝에 마주하는 붉은 태양이다. 왠지 모르게 뭉클한 기운이 울컥한다.

'모두 건강하고 행복하자.'

오은사 주차장에서 한나절을 노닥거리다 오후에 유가사 아래 테크노공원으로 자리를 옮겼다.

잘 꾸며져 있다. 이곳에서 밤을 보내고 새벽 3시쯤 도성암으로 이동하여 일출 산행을 하기로 하고 억지로 일찍⁽?⁾ 잠을 청했다. 알람 덕에 4시에 기상. 어둠 속의 하늘이 개운치 않다. 그러나 이내 차를 몰아 도성암으로 간다. 아직 어둠 속이지만 비슬산 산마루가 검은 구름에 휩싸여 있는 게 보이고 느껴진다. 전에 왔던 기억이 등로가 평안하지 않다는 걸 상기시킨다.

조망이 없으면 황이다. 일출을 포기하고 아내와 여명을 기다린다. 금방이다. 어슴푸레 사방의 사물들이 다가온다. 코스가 짧으므로 최소한의 행장으로 등로에 들어선다. 이슬을 머금은 초목을 온몸으로 털어내고, 얼굴은 거미줄 범벅을 하고… 이른 산행에 늘 있는 불편함이다.

비슬산 정상에 이르니 젖은 운무가 쫙 깔려 있다. 조망이 없어 인증샷만 하고 바로 하산한다. 유가사에서 잠시 멈추고 이내 집을 향한다. 점심은 늦지 않게 집에서 먹을 수 있겠다.

'늦게 배운 도둑이 날 새는 줄 모른다'고, 산행의 맛에 점점 더 길들여지는 것 같다.

오늘의 산행도 늘 그랬듯 뿌듯하고 즐거웠다.

내 마음은 벌써 다음 산행지에 대한 생각으로 가득하다.

군산 방축도

오랜만에 완전체로 떠난 가족여행이다. 지난번에 2박3일로 울릉도 독도에 갔을 때는 딸이 시간을 내지 못하여 아들만 데리고 가서 마음에 걸렸었다. 남편도 같은 마음이었을 것이라 이번에는 주말에 같이 움직였다. 차를 타고 갈 때 대화를 주로 남편이 이끄는 편이다. 엄밀히 말하면 '이끄는 편이다'보다는 '주도한다'가 맞겠다. 남편이 말이 없으면 목적지에 갈 때까지 차 안에 정적이 흐르기도 한다. 그런데 아들이 열심히 말을 붙여주고 딸도 맞장구를 치자 분위기는 화기애애해졌다.

군산 장자도 선착장에서 방축도로 가는 11시 배를 기다리고 서 있을 때다. 코로나19로 방역 마스크를 쓰고 있으려니 숨쉬기가 정말 답답하였는데 어떤 여행객이 차에 앉아 에어컨을 틀어놓느라 계속 시동을 걸어놓고 있어 시끄러웠고, 차에서 뜨거운 열기를 방출하고 있어서 무척 고역이었다.

배가 관리도를 거쳐 몇 군데 섬에 잠깐 들렀는데 오르내리는 사람들이 없으면 바로 출발하였다. 날씨가 화창하여서인지 파도가 잔잔하였고, 갈매기들이 물살을 가르고 나아가는 배 주위를 날았다. 몇몇 사람이 갈매기에게 먹이를 주는 걸 재미나 추억으로 여기는지 배 난간에 기대고 서서 새우깡을 내밀거나 허공에 던져 갈매기가 잽싸게 낚아채 가는 장면을 찍으면서 즐기고 있었다. 갈매기들이 낮은 비행을 하며 바다에 둥둥 떠 있는 새우깡을 주워 먹는 광경도 목격되었다. 새우깡에 새우 향이 나서 갈매기들이 새우로 착각하고 먹는 듯했다.

　스스로 사냥하여 물고기를 잡아먹거나 해조류를 먹어야 할 갈매기가 배를 따라다니며 새우깡을 얻어먹는 것에만 신경을 쓰다 보면 생존을 위해 새로운 먹잇감을 찾는 본능을 잃게 되고, 오랫동안 새우깡을 먹게 되면 건강이 나빠질 수밖에 없을 것이다. 그리고 어미 갈매기가 새우깡을 물어다 새끼 갈매기에게 물고기 대신 먹일 경우 새끼 갈매기는 영양실조나 생육 발달에 지장을 초래하게 될 거라는 생각을 하니 무척 우려되고 마음이 무거워졌다.

　방축도엔 화살나무들이 많았고, 칡넝쿨이 너풀거리듯 길로 뻗어 발목을 잡을 듯했다. 사진작가와 화가늘이 수시로 찾고 오래전 영화관에서 영화를 상영하기 전에 애국가 나올 때 배경으로 나왔다는 독립문바위가 내 눈에는 코끼리 두 마리가 코끝을 맞대고 앉아 있는 것처럼 특이하고, 정말 멋있었다. 독립문바위가 바라다보이는 편평한 바위에 자리를 잡고 점심으로 유부초밥과 수박을 먹었다. 배 승선 시간이 2시 반이라 여유가 있어서 바위에 붙은 보말이랑 생기다 만 홍합을 손으로 떼었다. 홍합이 바위에 찰싹 달라붙어 있어 떼는 데 애를 먹었다. 손끝이 닳고 갈라져 핸드폰 지문 인증이 잘 안되었다. 내 노력에 비해 보말과 홍합 수확량은 얼마 되지 않지만 나는 뭔가를 뜯고 줍고 그런 재미가 좋다.

돌아오는 길에 허름한 외딴집 모퉁이를 지날 때, 지팡이를 짚고 걸어오시다 허리를 펴고 서 계신 할머니를 봤다. 쪽머리가 허연 그 할머니를 보자 빛바랜 사진첩에서 봤던 외할머니를 보는 것 같아 정겹게 느껴져 한번 불러보고 싶었다.

"함머니!"

할머니가 들으셨는지 듬성듬성 나 있는 치아를 드러내놓고 활짝 웃으셨다.

"함머니! 혹시 물 좀 먹을 수 있어요?" 하고 여쭈었다.

할머니가 냉장고에 시원한 물이 있다며 집에 들어오라고 하시더니 물과 함께 양파즙 두 개를 주시면서 "몇 개 더 줄까?"라고 하셨다. 우리 가족 수를 생각하여 염치 불고하고 두 개만 더 달라고 하자 다섯 개를 주셨다. 나도 배낭에 뭐라도 먹을 게 있었으면 드리고 싶었는데 아쉽게도 아무것도 없었다. 할머니께 말동무라도 해드리며 더 있고 싶었지만 배 시간 때문에 얼른 가야 했다. 그래도 할머니를 오래 기억하고 싶었다.

"함머니, 사진 한 장 찍어 드릴게요."

할머니가 그러라고 하셔서 핸드폰으로 환하게 웃고 계시는 독사진을 찍어 드리고 할머니와 함께 셀카도 찍었다. 사진을 보내드리고 싶었는데 핸드폰이 없다고 하셨다. 그때는 미처 생각을 하지 못했는데 이따금 안부라도 여쭙고 뭐라도 보내드리게 집 전화번호랑 주소를 여쭈어볼 걸 그랬다.

섬에 또 놀러 오라고 하시는 할머니께 인사를 드리고 서둘러 선착장으로 갔다. 대기실에 앉아 배를 기다리며 그 할머니와의 여운을 생각하느라 승선 시간이 임박해서야 모자를 잃어버린 걸 알았다.

'앗! 내 모자!'

남편과 전국의 많은 산을 다닐 때 썼던 모자인데 어디에서 빠트렸는지를 모르겠다. 할머니와 셀카로 같이 찍은 사진 속의 모자가 마지막이다. 모자를 잃어버린 걸 조금만 더 일찍 알았다면 왔던 길을 되돌아갔다 올 시간 여유가 있었는데 너무 늦게 알았다. 어쩔 수 없이 내가 가장 아끼던 모자는 방축도에서 이별했다. 누군가에게 발견되어 새 주인에게 유용하게 쓰인다면 좋을 텐데 할머니처럼 쓸쓸하게 섬에 떨쳐두고 와서 내내 걸린다.

'할머니! 내내 건강하세요! 모자야! 잘 있어!'

인자하게 웃으시며 시원한 물과 양파즙을 주셨던 할머니와 섬에서 분실한 모자를 추억하러 방축도에 꼭 다시 가봐야겠다.

사량도 지리산

 4년 전 이맘때 편의점 입점을 며칠 앞두고 남편과 함께 TV를 시청하였을 때다. 채널A〈관찰카메라 24시간〉란 프로에서 경남 통영의 사량도 지리산을 밀착 취재하는 걸 보게 되었다.
 촬영팀이 사량도 지리산을 오르는 사람들에게 관찰카메라를 들이대자 땀이 흠뻑 젖은 얼굴로 너무 힘들다고 헉헉거리면서도 정말 멋있어서 다시 오고 싶은 최고의 산이라고 극찬하는 표정이 정말 밝았다.
 사량도 지리산은 해발 398m에 불과하지만, 해발 0m인 해안 근처에서 시작하여 그리 낮은 산이 아니다. 산세가 험준한 바위산이라 오르내리기가 쉽지 않은 악산으로 명성이 자자하다고 하는데 얼마나 멋있는 산이어서 등산객들의 성지라고 하는지 무척 궁금했다.
 "우리, 사량도에나 갔다 올까?"

"그러세!" 남편도 같은 생각을 하고 있던 참이었는지 흔쾌하게 대답했다.

산행을 하기 전에 언제나 사전 조사를 꼼꼼히 하였듯이 남편은 사량도에 관한 정보를 수집하고 어디를 들머리로 삼을 것인가, 동선을 짰다.

고성 용암포에서 아침 7시에 출발하는 배를 타려면 집에서 새벽 4시 반에 출발해야 했다. 잠자기 전에 국수를 삶아 지퍼백에 담고 식빵은 구워서 잼을 바르고 물은 얼려두었다. 새벽 4시에 일어나 서둘러 집을 나섰는데도 내비게이션 화면에 뜬 도착 예정 시간이 7시 5분이다. 남편은 계속 시간을 보면서 운전했다. 배를 탈 수 없게 될까 봐 나 역시 조마조마했다. 시간이 2~3분 단축되었다 다시 늘어지기를 반복했다. 속력을 조금 더 내줬으면 하는 마음도 있었다. 그 배를 못 타면 9시 20분 배를 타자고 여유 있게 가자고 했더니 그 배를 놓치면 그냥 돌아온단다. 가까스로 시간이 5분 정도 여유가 생겼다 싶었는데 신호대기에 걸려 애가 타기도 했지만 고성에 도착했을 때 다행히 늦지는 않았다.

나중에 들으니, 남편은 배 시간은 촉박하고 도로가 캄캄한 데다 안개가 자욱하여 운전하기가 정말 쉽지 않았다며 도중에 되돌아오고 싶었다고 했다.

사량도까지는 배로 20여 분밖에 안 걸렸다. 사량면사무소 앞에서 7시 45분에 시내버스를 타고 수우도전망대에서 하차했다. 산에 오르기 전에 모자 위에 걸쳤던 선글라스를 잃어버렸다. 등

산화 끈을 매느라 허리를 숙였을 때 떨어졌을까, 선글라스를 잃어버린 걸 알았을 때는 이미 지나왔던 길을 되돌아가기에는 너무 많이 올라간 뒤였다. 지난번에 군산 방축도에서는 아끼는 모자를 잃어버렸는데 이번엔 선글라스를 잃어버렸다는 말을 남편한테 할 수가 없었다.

"잘했군! 잘했어! 그러길래 내 마누라지," 라고 하겠는가.

도중에 뒤따라 올라오는 등산객 네 명이 나를 앞질러 갔다.

'저 네 사람의 배낭 중에 내 선글라스가 감금되어 있을 것 같은데!'하는 생각을 하면서도 남편이 알까 봐 못 물어봤다. 그렇게 쓰린 마음으로 내 선글라스와의 연이 여기까지라고 체념하고 그냥 올라갔다.

삼복더위에 바람 한 점 없고, 산길을 오르는 초입부터 오르막과 계단이 이어진 숲길이 만만치 않았다.

내 기억 속에 정말 멋있으면서도 힘들었던 월출산보다 더 힘들었다. 만약에 다시 월출산에 오르면 이 정도쯤이야, 하고 거뜬하게 오를 수 있을 것 같았다. 다른 산에서 봤던 흔한 찔레나무나 맹감은 안 보이고 동글납작하면서 새하얀 버섯이 자주 눈에 띄었다. 영지버섯도 보이고 느타리버섯이나 송이로 보이는 버섯도 있었는데 심증은 가나 확신이 없어서 그냥 지나쳤지 송이는 아니더라도 식용 버섯인 줄 알았으면 아마 무사하지 못했을 것이다.

덤불 사이에서 부스럭 소리가 들리더니 황급히 뛰어 달아나는 노루의 엉덩이가 보였다. 사진 찍을 타이밍을 놓쳤다.

그늘도 없고 암산에 내리쬐는 뜨거운 복사열로 숨이 턱 막혔다. 바람 한 점 없이 오르는 산행에 땀은 비 오듯이 흐르고 아들은 연신 땀 닦은 수건을 비틀어 짰다. 한 사람당 500ml 물 한 병씩밖에 안 갖고 와서 혀에 물만 축이는 정도로 아껴야 했다. 산을 오르다 누군가 버린 페트병에 눈이 갔다. 햇빛을 받은 빈 페트병 안에 물방울이 맺혀 있는 게 보여 한 방울의 물이라도 마른 입술을 적시고 싶었다. 산 아래로 이어지는 고무호스를 잘라 물을 받아먹고 싶기도 했다. 비상용으로 갖고 간 죽염을 입에 물고 침으로 녹여 염분을 보충했어도 워낙 땀을 많이 흘려서인지 머리가 아프고 갈증이 가시질 않았다. '관찰카메라 24시간'에서 사람들이 다들 눈이 풀려 있었던 게 실감이 났다. 돌무덤 앞에 놓인 페트병에 절반 조금 안 된 물이 담겨 있는 게 보였다. 뙤약볕에 데워졌을 그 물이 간절했다.

옥녀봉에 올랐을 때 빙 둘러선 바다와 섬들과 파란 하늘에 뭉게구름까지, 경관의 절정이었다. 출렁다리 위에 올라서 바라보는 풍광도 좋았다. 사량대교가 한눈에 들어오고 바다와 어우러진 섬의 깎아지른 벼랑이며, 칼날 같은 바위 능선이 정말 멋있었는데 뜨거운 뙤약볕에 바람 한 점 없이 너무 힘이 드니까 솔직히 조망이고 풍광이고 감상할 여력이 없었다. 가파른 계단을 오르다 밧줄을 잡고 암릉을 오르느라 진이 빠졌는데 내려가는 철계단이 90도 각도로 섰다. 아니 선 정도가 아니었다. 간담이 서늘해지고 모골이 송연할 정도로 끝이 안 보이게 휘어져 있었다. 그 길밖에 달리 선택의 여지가 없었다면 어쩔 수 없이 갔을 텐데 노약자는 위험하니 우회하여 가라는 안내표지를 따라 먼 길을 돌아서 내려갔다.

얼마쯤 내려갔을까, 드디어 저 멀리 우리가 배에서 내려 버스를 기다렸던 사량면사무소가 있는 마을 지붕이 내려다보였다. 예초기로 무성한 풀을 베어 등산로가 잘 정비된 길을 내려가고 있을 때 밑동이 굵은 한 나무 아래에 뭔가 담겨 있는 검은 비닐봉지가 놓여 있었다. 무심코 열어 보니 1.5리터 크기의 페트병에 얼린 물이 반쯤 들어 있었다.

'우와! 사막의 오아시스다!'

물 한 모금 마시고 싶다고 양해를 구하려 주변을 살펴봤지만 아무도 없었다. 산일을 하던 사람이 깜박 잊고 놔두고 간 것인지 나중에 먹으려고 놔둔 것인지는 모르겠다. 어쩌면 생수병 임자가 마을로 내려가 식사를 마친 후 이쑤시개 물고 산에 다시 올라왔다가 얼린 생수병이 감쪽같이 사라진 걸 보고 황당해할 걸 생각하면 죄송한 마음이 들었지만 에라 모르겠다, 체면 불고하고 그 물 한 모금을 마시니 정말 살 것 같았다. 햇볕에 데워진 물이라도 감지덕지했을 텐데 살얼음이 언 시원한 물로 갈증을 해소하고 나니 행복이 샘솟는 듯했다.

사량면사무소 쪽으로 내려와 점심은 수우도전망대로 가서 준비해 간 삶은 국수를 설탕물에 말아 먹었다. 산에서 내려오면 제일 당기는 게 설탕물에 말은 국수다. 수우도전망대에서 잠시 휴식을 취한 후 배를 타기 위해 부두로 나갔는데 배가 들어오려면 시간 여유가 있었다. 해변을 거닐며 예쁜 조개껍질을 찾다가 바닷물이 무척 맑아 한 시간 정도 물장구치고 놀았다. 아이들이 어렸을 때 율포 바닷가에서 즐거운 한때를 보냈던 기억도 새록새록 났다. 남편과 아들도 동심으로 돌아간 듯 즐거워했다. 뙤약볕에 정말 힘든 산행을 하였던 게 다 보상받은 것처럼 더없이 좋았다.

사량도에서의 추억이 엊그제처럼 생생한데 어느새 4년이 흘렀다. 곧 있으면 편의점 계약 만기다. 편의점을 접으면 어디에 갈까, 생각하다 보니 사량도 바닷물에 풍덩 들어가 실컷 놀았던 기억이 떠올라 또 가고 싶어진다.
"편의점 그만두면 사량도에 또 갔다 올까? 이번엔 우리 가족 완전체로!"

김인수
qpfm52@naver.com

비둘기 한 마리
쥐들과 참새떼들이 문제다
까치와 은행나무, 닥스훈트와 많은 생명들

　고향이 서울 혜화동으로, 성장할 때 가장 좋은 동네라며 자부심이 컸던 시기가 있었습니다. 서울 의대 캠퍼스에서 친구들과 시도 읽고 음악도 들으며 때로는 춤도 추면서 행복한 여고시절을 보냈습니다. 지금은 도심과 멀지 않은 화성시에서 닥스훈트 전문견사를 운영하며 관상 닭, 비둘기 등 여러 종류의 조류도 키우며 밝은 생활을 하고 있습니다. 글쓰기는 초등학교 다닐 때부터 좋아했지만 특별한 재능은 없었고 꾸준히 생활일기와 편지 쓰는 습관으로 오랜 날들을 보내며 지금은 온라인의 카페와 블로그, 홈페이지 속에서 마음을 표현하며 지내고 있습니다. 한 해를 보내며 카페 작가회지에 함께할 수 있음에 감사한 마음입니다.

비둘기 한 마리

 2016년 4월에 대구에서 이곳에 온 '비돌이'가 엊그제 세상을 떴다. 내게 비돌이는 그냥 비둘기가 아니었다. 먼저 키우던 들기가 두 달 만에 집을 나간 후 하늘만 보고 울던 내 마음에 비돌이는 대단한 존재로 다가왔다.
 비둘기를 키워 본 것은 집 나간 들기가 다쳐서 구조되어 이곳에 온 두 달간의 깊은 사랑의 교감 이외에는 아무것도 모르던 때였으니, 비돌이를 만나게 된 것은 어찌 보면 행운이었다.
 비돌이를 구조해서 일 년 반을 키우신 가족분들이 비돌이를 자연으로 돌려보내려 몇 번 시도해 보았지만 오히려 친구들을 데리고 다시 오곤 하면서 아파트 주민들의 민원이 계속 있어 닭카페에서 키워주실 분을 찾는다는 글을 올리고 바로 다음 날 이곳 애들 아빠와 비돌이 아빠 가족분들과 대전에서 만나 입양하게 되었다. 머리 좋은 비돌이는 이곳이 너 살 곳이라며 다정히

대하는 내 모습을 보고 안심을 했던 것 같다.

혼자 있는 비돌이가 안된 마음에 공주에서 비돌이 친구가 될 수 있을 것 같은 암컷 비순이를 입양했다. 둘이 마주할 때 흐르는 계면쩍어하는 감정을 감지하며 비둘기들의 감정도 이리도 사람과 비슷하구나, 감탄했었다.

둘이 친해지는 데 얼마 걸리지 않았고 그리도 친근감 있게 대하던 비돌이는 한 가족의 가장이 되어 늘 앞장서서 사료도 먹고 반가우면 앞장서서 날며 반가움을 표현했다. 내 머리 위, 어깨 위, 등에 업히며 감정 표현을 하더니 자손이 여러 마리 늘어나면서 내게는 조금은 무심하게 생활했다.

계사에 들어가면 가장 반가워하고 자식들과 신나게 날던 녀석이, 3년 반을 매일 만나고 만져주고 늘 이름 부르면 날아와 내게 반갑다고 표현하던 녀석이 3일 전부터 이상하게 웅크리고 앉아 있어 치료를 해 보았지만 결국은 엊그제 24일 오전에 내 무릎 위에 올라와 한 바퀴 돌고 앉아 있다가 한 시간 뒤쯤 아빠가 마련해 준 실내 보금자리에서 죽음을 맞이한 것을 발견하였다.

비돌이가 세상을 떴다. 비둘기 한 마리가 세상 떴다고 눈물을 뚝뚝 떨구며 울어대는 내 모습에 그만 또 마음이 울적해져서 하루 종일 울었다. 비돌이를 얼마나 의지했었는지 알 것 같았다. 내가 세내로 못 돌봐서 수명이 겨우 다섯 살에 멈추었다며 너무 울어대니 남편도 내 생전에 비둘기 죽어서 이리도 가슴 아플 줄 몰랐다며 아픈 마음을 몇 번이나 이야기한다. 농장 고목나무 아래 잘 묻어 주었다며 한 번씩 가서 보라고 한다.

비돌이 아빠께도 문자로 알려 드렸다. 감사드린다며 비돌이는 좋은 주인 만나서 행복했을 거라며 위로의 글을 보내셨다. 비둘기 가족도 몇십 마리나 있는데 하필이면 가장 의지하던 비돌이가 죽었을까?

언니가 세상을 뜨고 우울증에 시달리던 내게 온 비둘기, 들기와 비돌이로 인해서 닭들도 키우게 되었고 우울증에서 어느 정도 벗어나고 있는데 이틀이 지나도 가슴이 아프고 상실감에서 벗어나기 어렵다.

우리 비돌이, 넓은 세상으로 보낼까 많이 고민했지만 밖에 나가면 먹을 게 없어 굶어 죽을까 싶어 용기 있게 넓은 세상으로 보내지 못해서 짧게 살게 된 것인지 자책을 하게 된다.

"비돌아, 다음 생에는 다치지 말고 넓은 세상 자유롭게 살 수 있도록 빌어줄게. 따듯한 그곳에서 먼저 간 친구들과 잘 지내렴."

쥐들과 참새떼들이 문제다

쥐들 때문에 겪은 일 중 가장 충격이었던 일은 예뻐하고 대화하던 비둘기들을 쥐들이 해쳐서 죽게 만든 일이었다.

사건이 있던 그날 아침에 남편이 닭들 있는 곳에 갔다가 오더니 얼굴빛이 너무 나쁘다. 쥐들 때문에 큰일이라며 비둘기들이 여러 마리 죽었다고 한다. 나는 그 순간 놀라기도 했지만 아닐 것이라며 울며 뛰어나갔다.

앵무비둘기 털이 바닥에 흩어져 있고 죽어있는 모습이 눈에 들어왔다. 그 옆 칸에는 내가 너무도 사랑하는 라호르 비둘기 두 마리만 남고 모두 죽어있다. 정신이 이상해졌다. 쳐다볼 수도 없게 모두 비참한 모습으로 여기저기 쓰러져있고 일부는 없어졌다.

주인이 보호를 제대로 못 해서 그리된 것이라며 자책을 많이 했다. 그 옆에 있던 박설구는 사체조차 안 보인다. 아마도 작은 아이들이라 쥐들이 저들 공간으로 끌고 간 것 같았다. 동물 키우면서 가장 놀라고 힘든 시간을 보내게 되었다.

더 이상 비둘기는 못 키울 것 같았지만 다시 한번 시도해 보았다. 라호르 비둘기 수컷을 울산에서 입양했다. 지금도 잘 살고 있는 우리 호르의 아비다. 호남이라고 이름 지어주고 애지중지하면서 지금까지 핸드 피딩으로 키운 호르와 잘 지낼 수 있게 배려하고 먹이도 더 신경 써서 챙겨 먹이고 있다.

라호르 암컷들은 호르를 낳은 후 자손을 못 보고 세상을 떴다. 가족을 만들어주려고 알아보고 주문까지 해 놓은 상태였지만 남편이 반대한다. 호르가 지금 7살이 되었는데 자손 잇기에는 늦었다며 암컷 데려다주었다가 오히려 지난번 오핑턴⁽키우고 있는 관상닭⁾처럼 암컷 따라다니다 죽을 수 있다며 부자 둘만 잘 키우라고 한다.

라호르 비둘기들 분양하는 울산까지 내려가기에도 장거리고 추운 날 고속버스 택배로 받기에는 마음이 안 놓인다. 우리 호르, 제 아비보다 더 내 마음에 있는 녀석, 내 손으로 키워낸 아가로 계사에 가면 제일 먼저 안부를 확인한다. 우리 호르 잘 있었냐며 이름 부르면 앞으로 뛰어나와 반가워 난리다. 예전처럼 실내에서 데리고 살았으면 좋겠다는 생각을 매번 하게 된다. 그러면 호남이까지 실내로 들어와야 하니까 그리하기도 쉽지 않다.

어느 날 애지중지하는 비둘기들을 또 한 번 쥐들한테 모두 빼앗겼다. 닭장 바닥 공사를 하면서 며칠을 두고 철망 까는 작업을 했다. 쥐들이 들어올 수 있는 어디든 모두 점검했다. 그렇게 단단히 했는데도 다시 한번 키우기 시작한 앵무 비둘기 가족을 몰살

시킨 쥐들을 도저히 그대로 두고 볼 수 없었다. 순둥이 비둘기들이 만만해서인지 닭들은 그대로 두고 비둘기들만 공격하는 쥐들 때문에 밤 한두 시까지 계사에서 나오지 못하고 지키기도 했다.

쥐들 퇴치할 수 있는 방법은 쥐들의 천적인 고양이를 키우는 수밖에 없었다. 고양이 키우는 방법을 모르기 때문에 인터넷 검색을 하면서 예방접종 철저히 해주며 지금에 왔다. 닭들이 있는 하우스에 고양이 수컷 두 마리를 두었다. 거짓말처럼 쥐들이 점차 줄어들었다. 나를 보아도 무서워하지 않았던 쥐들이 어쩌다 나오면 고양이들 보고 무서워 살금살금 걸어서 나가다 걸음아 나 살려라 하면서 어디론가 숨어버리곤 한다.

그런데 요즘은 우리 닭들과 비둘기들의 먹이를 반 이상 먹어 치우는 참새떼 때문에 고민이 보통 큰 게 아니다. 남편이 참새들 들어오는 망들 모두 단단한 하우스 테이프로 다 막아놓았지만 어디로 또 들어온다. 내가 들어가면 모두 닭들 있는 곳에서 날아 나오는데 수백 마리는 될 것 같다.

다 막아놓았지만 약간의 숫자가 줄었을 뿐 들어오는 경로를 알게 되면 모두 들어올 것이다. 참새들이 사료를 먹으면서 혹시나 야생에서 균을 달고 들어올까 그 점이 가장 걱정이다.

착한 닭들과 비둘기들은 먹거나 말거나 참새들을 그대로 둔다. 덩치쟁이 관상 닭 아메라우카나 보고 괜히 야단친다. 덩칫값 좀 하지 참새들을 그대로 두고 보면 어떻게 하냐며 속상해한다. 알아듣는지 못 알아듣는지 늘 궁시렁대며 걸어 다니다 내가 주는 사료와 맛난 밀웜을 먹는다.

오늘부터는 아무래도 고양이들을 풀어놓아야 할 것 같다. 겨울철 넘어오면서 화목난로와 석유난로 때문에 다칠까 걱정되어 고양이 큰 장에 가두어 놓았기 때문에 답답하게 지내던 고양이들이다. 고양이들이 장에 갇혀 있다는 것을 알고 있는 영리한 참새들이 닭들의 사료를 낮에 한 톨도 안 남기고 다 먹어버린다. 어디 카페에서 보니까 고양이들이 오가면 참새가 접근을 잘 못한다는 글과 사진을 보았다.

고양이들이 야생 고양이들과 사귀게 되면 바이러스 감염될까 무서워 하우스를 꼭 닫아놓았었는데 예방접종 추가접종까지 했으니까 괜찮지 않을까 싶어 오늘 오후부터는 참새 지킴이, 쥐 지킴이로 통실통실 살 붙어 게으름 떠는 우리 양이 두 마리를 풀어줘야겠다.

사료 줄 때면 내 얼굴에 제 얼굴을 비벼대며 애교를 떠는 귀여움 넘치는 고양이들이다. 풀어주면 어디든 올라가서 잘 돌아다니니까 참새들이 무서워할 것 같다. 참새들 먹으라고 농장 밖 어디쯤에 사료를 놓아줘야겠다.

까치와 은행나무, 닥스훈트와 많은 생명들

하루 종일 실내에서의 생활이 대부분이라 강아지들 아침맘마를 먹이고 나면 햇살 가득한 마당 한가운데서 햇빛 받고 싶어지는 마음, 남편과 커피 두 잔 앞에 놓고 마주앉아 이런저런 이야기를 하다 문득 강아지들 집 뒤에 든든히 서 있는 고목나무를 바라본다.

겨울 지나오면서 굵어진 것인지 나무 아름이 분명히 더 굵어지고 키가 커진 듯 보인다. 저 마른 가지에서 초록의 생명이 움트며 나올 시절이 다가온다. 여름내 강아지들의 쉼터를 만들어 주는 시원한 그늘의 평화는 고목나무의 이파리들의 야릇한 웃음소리와 함께 바람까지 불러와 시원함을 더해준다.

내게 희망을 갖게 해주었던 은행나무도 마른 가지에서 파릇하니 생명이 보인다. 마당 가운데 앉혀놓은 은행나무가 내겐 이상한 희망 같은 따듯함을 매해 갖다 주었다.

어디선가 새소리가 난다. 표현하기 어려운 아름다운 음성이다. 강아지 견사 지붕 위며 차광막 칠 때 쓰는 기둥 위에 까치 두 마리가 올라와 앉아 까치 특유의 소리를 낸다. 먹다 남은 사료는 없니? 강아지들 머리 위로 가깝게 난다. 그리고 나를 살펴보는 게 분명하다. 멀리서 바라보니 짹짹거리는 입의 움직임이 너무 예쁘다. 저렇게 예쁜 입에 들어갈 사료를 따로 어딘가 놓아주어야겠다.

롱헤어 챔프는 머리 위로 나르는 까치를 몇 번 물어내렸다. 사냥개 특징의 점프력이 대단한 롱헤어로 멀리서 뛰어오다 뒷발로 땅을 차며 올라 뛰는 녀석의 멋진 몸매가 항상 나를 기쁘게 한다. 갈색의 모장이 햇빛에 빛나는 모습과 일자로 공중 부양을 하는 녀석의 매력은 단모닥스훈트에만 빠져서 십여 년 브리딩하던 나의 마음에 롱헤어를 향한 사랑하는 마음의 문을 활짝 열어주었다.

챔프! 하면서 부르면 내게 달려오곤 하던 녀석을 몇 달 동안 실내에 두고 있다. 견사의 칸막이를 모두 넘어 다니는 그 점프력 때문이다. 이 방 저 방 건너다니며 발정 난 암컷을 좋아하는 녀석이 혹시나 단모와 잘못될까 걱정되어 견사의 칸막이 높이를 높여 놓았는데도 오 분도 안 되어 다른 방에 가서 암컷들과 좋아라 하는 모습을 보니 이젠 안 되겠다 싶어 실내 생활로 녀석을 답답하게 만들고 있다. 다음 견사를 지을 때는 점프력 좋은 롱헤어 견사의 높이를 확실하게 높여 주리라.

까치와 전나무와 은행나무와 닥스훈트와 그리고 많은 생명과 함께하는 농장의 생활은 내겐 어쩌면 가장 잘 맞는 생활일지도 모른다. 바라보던 모든 것, 나무들까지도 소중하여 어디를 가도 다시 보고 싶은 마음이다.

2009년 3월 15일

김진호

jino1956@hanmail.net

신세계를 보았다
소나무의 흉터
기분 좋은 바가지

　오랜 세월 틈틈이 생각나는 대로 적어보고, 고쳐서 써보고 수 차례 탈고하며, 세상에 내보일 수 있을까 하는 기대감에 컴퓨터 한 공간에 차곡차곡 모아두고 있었다. 내면의 생각들과 감추고 싶은 지난날의 추억들을 세상 밖으로 드러내기에는 겁도 나고 헤아릴 수 없을 만큼 많이 망설였다. 언젠가는 한번 거쳐야 하는 통과의례라 생각하고 그것들을 깨트리고 이겨내기 위해서는 많은 용기가 필요했다. 2024년에 시산작가회지 '세상의 속내가 적요함을 보았다면'을 통해 내보이며 용기를 얻게 되었다. 지난해에 이어 올해 시산작가회지와 수필동인지를 통해 내 글이 또 세상 밖으로 나올 수 있도록 애써주신 시산작가회에 고마움을 전합니다.

신세계를 보았다

삼십 대 중반까지도 양쪽 시력이 좋았었다. 삼십 대 후반에 접어들면서 눈을 혹사했는지 서서히 나빠지기 시작해서 안경을 착용하게 되었다. 처음에는 가까운 곳은 잘 보이는데 멀리는 잘 안 보이는 원시였다. 그래서 단순히 시력교정용 일반 안경을 착용했다. 오십 대에 접어들면서는 가까운 곳도 잘 안 보여 다초점 안경을 착용하기 시작했다. 다초점 안경은 아랫부분이 돋보기처럼 되어 처음에 착용하면 어지럽다. 차츰 적응하면 괜찮은데, 적응하지 못하는 사람은 다초점 안경 착용을 포기하기도 한다.

삼십 년 가까이 안경을 착용하면서 여러 가지 불편한 점도 많이 있었다. 오십 대 중반에 접어든 어느 날부터 별다른 증상은 없었는데도, 왼쪽 눈에 검은색 실처럼 보이는 것이 눈앞에서 떠다니는 것처럼 보이기 시작했다. 동네 안과에 가서 진료를 받고 검사를 했다. 백내장 초기 증상이라며 치료를 받아야 한다고 했다. 백내장이 일단 발병하면 수술 이외에는 완치될 수 없고, 백내장 안약을 넣어 진행 속도를 늦추는 방법이 최선이라고 하면서 처방을 해주었다. 그 후 십 년 동안 삼 개월마다 병원을 방문했다. 백내장 진행 상황과 안압 체크 등 정기검사를 했다. 갈 때마다 삼 개월분 안약을 처방받았다. 매일 아침저녁 하루 2회씩 백내장 안약을 넣으며 별다른 불편함이 없이 지냈었다.

안경을 처음 착용했을 때는 교정시력이 0.9 정도가 되었다. 나이가 점점 들어가면서 교정시력도 나빠지기 시작했다. 오른쪽 눈에도 백내장 증상이 나타났다. 양쪽 눈 모두 백내장 증상 이외에는 안압 등 모든 수치가 정상이었다. 안경을 착용했는데도 불구하고 몇 년 전부터 교정시력도 점점 나빠졌다. 처음 백내장 증상이 나타나고 십 년 동안 삼 개월마다 검사받고, 안약을 넣었는데도 한계에 다다랐는지 교정시력이 0.5 정도밖에 안 나왔다. 지난해 말 안과에 방문해 정기 진료를 받았다. 원장 선생님이 이제 안약만으로 백내장 진행을 늦추는 데 한계에 도달해서 백내장 수술을 받아야 한다고 했다. 자기 병원은 시설도 열악하고, 백내장 수술을 해본 경험이 없다고 하면서 안과 전문 큰 병원에 가서 검사받고 백내장 수술을 하라고 했다.

백내장 수술을 전문으로 하는 병원을 알아보던 중, 지인 한 분이 몇 년 전에 백내장 수술을 받았는데, 병원 시설도 최신식이고 수술 후 경과도 좋았다면서 한 곳을 추천을 해주었다. 우선 전화로 상담을 예약하고 며칠 후 병원을 방문했다. 병원 규모가 종합병원 못지않은 안과 전문 병원으로 첨단 검사기구도 많았다. 안과 질환 분야별로 담당하시는 원장 선생님이 달랐다. 우선 상담사와 수술 과정 등에 대해 이것저것 상담하고 정밀검사 일정을 예약했다. 정밀검사를 받는 날 바짝 긴장하고, 여러 가지 다양하고 복잡한 검사를 받은 후 백내장 담당 선생님과 면담했다. 양쪽 눈 모두 백내장 진행이 많이 된 상태로 수술을 받아야 한다고 했다. 백내장 증상 이외에 다른 수치는 모두 정상범위로 수술 결과가 좋을 거라면서 수술 방법과 진행 상황 등을 자세히 설명해 주셨다. 담당 선생님과 면담을 마치고 나와서 상담사와 수술 일정과 수술비 등에 대해 상세한 상담을 했다. 수술 예약이 많이 밀려 있다고 해 최대한 빠른 수술 일정을 잡고 집으로 돌아왔다.

수술 예약한 날 아내와 같이 병원에 도착해 또다시 정밀검사를 받고 한 시간 가까이 초조한 마음으로 기다렸다. 수술 순서가 되어 수술실에 들어갈 때는 안정을 되찾고 오히려 덤덤했다. 한 시간 정도 수술을 받는 동안 수술 기계 돌아가는 소리와 간간이 원장 선생님과 간호사 선생님의 대화 소리만 들릴 뿐 부분 마취한 덕분에 통증은 없었다. 수술을 마치고 회복실에서 1시간 정도 누워있다가 퇴원했다. 첫날은 오른쪽 눈부터 수술했고 안대를 착용하고 집에 왔다. 병원에서 안내받은 수술 후 주의 사항대로 주의하면서 하룻밤을 보냈다. 둘째 날 병원에 도착해 전날 수술한 오른쪽 눈 안대를 푸는 순간, 환한 빛과 선명하게 보이는 광경이 완전 새로운 세상 신세계를 보는 것처럼 좋을 수가 없었다. 삼십 년 동안 안경을 착용하면서 보았던 세상과는 전혀 다른 세상에 온 듯이 색상도 선명했다. 모든 사물의 형태가 뚜렷하고 선명하게 보여서 나도 모르게 환호성을 내질렀다. 전날 받은 순서대로 왼쪽 눈도 수술하고 퇴원했다. 집으로 오는 동안 모든 것들이 처음 보는 것처럼 완전 새로운 세상을 경험했다.

왼쪽 눈 수술받은 다음 날 병원에 도착해 왼쪽 눈 안대를 푸는 순간에도 전날과 같은 경험을 했다. 수술을 마친 양쪽 눈으로 보이는 정경들은 경험해 보지 않으면 모를 황홀경이었다. 수술 후 주의 사항을 듣고 집으로 돌아왔는데 특별히 주의할 사항은 별로 없었다. 다만 조금 불편했던 것은 2주 동안 밤에 잘 때 엎드려 자지 말고 투명 수면안대를 착용해야 한다는 것 이외에는 없었다. 며칠 후 수술 결과를 보기 위해 병원을 방문해 정밀검사를 받았다. 양쪽 눈 모두 시력이 0.7 나왔다. 시간이 지나면 좀 더 좋아진다고 했다. 그 후 몇 차례 병원에 가서 수술 후 검사를 했는데 양쪽 모두 시력이 0.9로 나왔다. 백내장 수술을 받기 전에는 안경을 착용하고도 0.5밖에 안 나왔는데 백내장 수술 후에는 삼십 년 전 안경을 착용하기 전 시력으로 되돌아간 것이다.

모든 신체 장기가 소중한데 시력이 나빠졌다가 삼십 년 만에 되찾은 눈의 소중함을 느꼈다. '건강할 때 건강을 지켜야 한다.'

라는 옛말을 되새기게 되었다. 사람이 살아가면서 새로운 정보를 눈과 귀, 입 등으로 얻는다. 그중에서 눈을 통해서 얻는 정보가 가장 많고 눈이 불편하면 행동반경 등에도 많은 제약을 받게 된다. 안경을 착용하고 지냈던 삼십 년이라는 세월 동안 몸에 밴 습관이 있다. 안경이 내려온 것 같은 착각을 해, 백내장 수술 후 안경을 착용하지 않은 상태에서도 무의식적으로 쓸어올리는 행동을 하다가 머쓱해서 혼자 웃음을 짓기도 하는 것이다.

소나무의 흉터

 색다른 경험과 지루한 일상에서 벗어나기 위해 아내와 자주 여행을 한다. 주로 승용차를 이용하지만, 가끔 색다른 경험을 위해 배낭여행을 하기도 한다. 버스(Bus), 지하철(Metro), 걷기(Walking) 일명 'BMW'인 배낭여행은 매우 힘이 들지만, 나름대로 멋과 낭만이 있다.
 배낭여행은 아산에 있는 '천년의 숲길'로 정했다. '천년의 숲길'은 충남 아산시 송악면 유곡리와 강장리, 동화리, 궁평리에 걸쳐 조성된 길로, 유곡리에서 봉수산 천년 고찰 봉곡사로 이어진 코스 걷기를 선택했다. '천년의 숲길'은 일박 이일 온양온천 여행 중, 마지막 날 첫 여행지로 계획했다. 온양온천역에서 유곡리 방향으로 들어가는 버스는 하루 3차례만 운행한다. 전날 숙박힌 호텔에서 아침 식사가 늦어져 첫차를 놓쳤다. 다음 버스는 3시간 정도 기다려야만 했다.

두 번째 코스인 신정호수를 먼저 가기 위해, 정류장에 있는 버스 노선 시간표를 찾아보니 그것조차 한 시간 후에나 있었다. 버스를 타고 신정호수에 갔다가 나오면 시간이 너무 촉박할 것 같아 계획에도 없던 택시를 타고 들어갔다. 택시로는 10분 정도 거리였다. 버스로 30분 거리를 한 시간을 기다려 타고 갔다면, 아까운 시간을 길에서 허비할 뻔했다. 택시로 도착한 신정호수 주변 둘레길을 걷는데, 한 시간이 채 안 걸리는 편안한 길이었다. 유곡리 들어가는 버스 시간을 확인하며 사진도 찍고, 호수 주변 경관을 구경하였다. 이른 아침 신정호수 주변 풍경은, 가벼워진 몸과 마음에 한 아름 행복을 안겨 주었다. 호수 주변에는 카페와 음식점, 야외음악당, 음악분수 공원 등 즐길 거리가 많았다. 그러나 바쁜 일정으로 다음 기회를 기약하며, 무척 아쉬운 발걸음을 돌렸다. 택시에서 내리며 보았던 주차장 쪽으로 가보니 버스 종점이 있었다. 마침 온양온천역 방향으로 가는 버스가 출발하려고 했다. 이 버스를 못 타면 또 한 시간 가까이 기다려야 해서 정신없이 버스에 탔다. 30여 분 후, 온양온천역 인근 정류장에 도착하였다. 아침과 달리 바삐 서두른 덕분으로 오히려 40분 정도 여유가 생겼다. 버스 정류장 옆에 무료로 이용할 수 있는 '노천온천 족욕탕'에 발을 담그며, 여유로운 시간을 보냈다. 전날 오후에도 버스를 기다리며 20분 정도 족욕을 했었는데, 발에 쌓인 피로가 모두 풀리며 가분까지 상쾌했던 기억이 떠올랐다.

유곡리 앞 정류장까지 버스로 40분 정도 간 후에, 하차하였다. 버스에서 내려 맞은편 정류장에서 시내 방향으로, 버스 도착 예정 시간을 확인해 보니, 오후 3시 무렵에나 도착 예정이라서 깜짝 놀랐다. 계획했던 일정에 차질이 생겨서 난감하였다. 아내와 함께 섰던 정류장에서 봉곡사까지 2.5km라는 이정표를 보았다. 우리 부부는 30분 정도 이런저런 대화를 하며 걸었다. 걷다 보니 어느새 봉곡사 주차장에 도착해서 주변을 보니 이미 먼저 도착한 차량으로 주차장은 매우 혼잡하였다. 시내에서 버스 타고, 마을 앞 정류장에 내린 후 그곳부터 걸어서 도착한 사람은 우리 부부가 유일한 듯 보였다.

'천년의 숲길'은 야트막한 경사로 환갑이 넘은 우리 부부가 부담 없이 걸으며, 주변 경관을 감상하기 무척 좋은 길로, 걷는데 무리가 되지 않았다. 숲길 양편으로 수령 백 년이 넘는 아름드리 소나무들이 숲을 이루고 있었지만, 일부 소나무는 오래되고, 바람에 휘어져서 그런지 일자로 뻗은 모양보다 구부정한 소나무가 많이 보였다. 소나무마다 성인 키 높이에 커다란 흉터를 하나씩 가지고 있었다. 웃는 모습, 찡그린 모습, 우는 모습 등 모양이 각양각색이었다. 알 수 없는 이유에 궁금했는데, 궁금증은 바로 풀렸다. 일제 강점기 말, 패망 직전에 일본군들이 부족한 전쟁물자를 조달하기 위하여, 마을 주민들을 강제 동원하여 소나무 송진을 채취하게 한 흉터 때문이었다. 그때 생긴 상처로 인하여 소나무가 올곧게 자라지 못하고, 나무 밑부분에 거나란 흉터를 가지고 긴 세월을 지내왔던 것이었다. 나무를 얼핏 보면, 웃는 모양처럼 보였는데, 그 사연을 알게 되어 찬찬히 다시 보니, 뼈아프게 슬픈 역사를 안고, 꿋꿋하게 버텨온 소나무들이 안타까우면서도 매우 자랑스러웠다.

봉곡사에 도착하여 약수터 물을 한 바가지 시원하게 마신 다음 절 경내를 잠시 둘러본 후 발길을 돌렸다. 주차장을 향해 내려가며 아내와 온양온천역으로 돌아갈 방법에 대해 의논하였다. 우선은 주차장에서 온양온천역 방향으로 가는 승용차가 있다면 우리 부부의 사정을 말해 보기로 했다. 나는 주차장 근처 화장실로 가고, 그 틈에 아내는 막 출발하려는 승용차를 발견하고, 우리 부부의 사정을 운전자에게 얘기했는데, 다행히도 온양온천역으로 가는 중간지점까지 동승을 허락해 주었다. 아내의 손짓에 부리나케 뛰어 차에 탄 후 숨을 고르기도 전에 고맙다는 인사부터 했다. 우리 부부를 태워주신 분은 연세가 많은 어머니를 모시고 여행 온 모녀였다. 시내 쪽을 향해 달리는 차 안에서 앞 좌석 조수석에 앉은 할머니의 연세를 물어보았다.

"나이가 많아요. 올해 여든여섯 살이에요." 라고 대답한다.

"그 연세에 따님과 여행을 다니실 수 있다는 게 큰 복이고, 참 보기 좋습니다. 늘 건강하시고 좋은 여행 많이 하세요."

덕담을 건네고 운전하는 할머니의 딸에게 목적지를 물으니, '영인산 자연휴양림'으로 간다고 했고 우리 부부는 중간쯤, 버스 정류장에 내려달라고 부탁했다. 모녀도 우리와 비슷한 노선과 일정으로 여행 중이었다. 동승을 하게 된 우리 부부는 무척 운이 좋다고 생각하였다. 10여 분 후 '영인산 자연휴양림' 방향과 분리되는 곳의 버스 정류장 앞에서 하차하며, 감사 인사를 거듭했다.

"덕분에 편하게 잘 왔습니다. 건강하게 좋은 여행 하세요."

다행히 버스를 탈 수 있었다. 온양온천역에 도착하여, 역 주변에서 늦은 점심을 먹으며 아내와 멋진 배낭여행의 추억을 되새겼다.

기분 좋은 바가지

몇 년 전 어머니 제삿날을 맞아 부모님 산소를 찾아뵙고자 고향에 내려가는 날이었다. 해마다 설과 추석 명절 그리고 부모님 제삿날과 한식날, 벌초하는 날 등 일 년에 최소한 6번 이상 부모님 산소에 다녀온다. 서울에 있는 집에서 새벽 일찍 출발해 오후에 도착할 때까지 왕복 7~8시간 걸리는 먼 거리다. 고속도로가 많이 정체되면 10시간 이상 걸릴 때도 있어서, 때로는 힘들고 지칠 때도 있다. 그렇지만 다녀오면 기분도 좋아지고 마음도 아주 편안해진다.

어렸을 적에 살던 고향 마을 선산에 모셔진 부모님 산소에 가기 전에, 읍내에 들러서 아내와 자주 가는 식당에서 아침 식사로 갈비탕을 먹었다. 오래전 한 방송국에서 전국에 있는 착한 식당을 찾아다니며 소개하는 프로그램에도 소개되었던 식당이다.

시골 읍내에 있는 허름하고 자그마하면서 정감이 가는 오래된 식당이다. 얼마 전에는 내부에서 식사하는 영화의 한 장면을 촬영하기도 했다. 갈비탕에 인공 조미료를 전혀 넣지 않아 소갈비의 순수한 맛을 느낄 수 있다. 다른 메뉴도 많이 있지만 갈 때마다 주로 갈비탕을 먹는 편이다. 아침 8시 지나서 가면 못 먹을 수도 있다. 전날 도축한 소에서 나오는 소량의 갈비로 끓인 갈비탕이라 판매량이 한정되어 있어서 늦게 가면 못 먹는다. 우리도 몇 번 못 먹은 적이 있다. 특히 매월 4일과 9일, 오일장이 서는 날이면 더 일찍 가야 먹을 수 있다.

정육점도 겸해서 하는 식당이라 고기도 판매한다. 갈 때마다 많이 사 오는 편이다. 도축해서 바로 판매해 신선하며 냉동하지 않아 고기 맛도 좋다. 바빠서 내려갈 시간이 없을 때는 전화로 주문해도 서울까지 빠른 택배로 보내준다. 이십 년 가까이 믿고 찾아가는 단골집이다. 갈비탕을 다 먹고 가족들과 먹을 소고기 등심과 차돌박이, 갈비, 국거리 등 부위별로 구매해 차 트렁크에 넣었다. 시장 안에 있는 단골 젓갈 가게에도 들러 새우젓과 낙지젓, 꼴뚜기젓, 어리굴젓 등을 구매해 차 트렁크에 넣었다. 시동을 걸려고 차 문을 여는데 열리지 않았다.

이게 무슨 상황인지 황당했다. 확인해 보니 자동차 리모컨 키 건전지가 방전되어서 차 문이 열리지 않는 것이다. 삼십 년 가까이 운전했어도 이런 경우는 처음 겪는 어처구니없는 상황이었다. 자동차 리모컨 키에 들어있는 건전지 잔량을 확인할 방법이 없고, 신경조차 쓰지 않아서 발생한 상황이었다. 순간 당황스럽기만 했다. 잠시 생각해 보니까 이곳에 도착해 주차하고 차 시동을 끌 때 내비게이션 화면에 '자동차 리모컨 키 건전지 잔량 부족'이라는 경고문이 떴었는데 그냥 무시하고 내린 것이 떠올랐다. '뒤늦게 후회한들 무슨 소용이 있으랴'라는 말이 있어도 제대로 확인하지 않은 것이 후회막심이었다.

　황당한 상황 속에도 '문구점이나 편의점에서 건전지를 판매하지 않을까?' 하는 생각에 찾아보려 했지만 찾을 길이 없었다. 주차장 가까이에 있는 단골 식당에 가서 물어보니까, 대형 편의점 위치를 알려줘 찾아갔다. 편의점에는 종류가 다른 건전지는 많이 있는데 내가 찾는 건전지는 없었다. 읍내 이곳저곳을 돌아다녀도 찾을 수 없었다. 이번에는 단골 젓갈 가게로 가서 자초지종을 설명하고 사장님께 부탁드렸다. 혼자 가게를 지키던 사장님이 아내한테 잠깐 가게 좀 봐 달라고 하고는 나하고 같이 편의점 몇 군데 가봤다. 그곳에서도 없어서 당황스러웠다. 젓갈 가게 사장님이 자기의 일처럼 이곳저곳 전화를 했다. 마침 한 군데에 건전지가 있다고 했다.

　읍내 시장 골목 끄트머리에 있는 간판조차 잘 안 보이는 자그마한 전파사 가게였다. 이렇게 외진 곳에 있으니 쉽게 찾을 수 없었다. 천만다행으로 내가 찾던 '3V 리튬 건전지'가 있었다.

　반가운 마음에 자동차 리모컨 키를 전파사 사장님한테 건네주며 얼마인지 물었다. 삼천 원이라는데 지갑을 꺼내 열어보니 5만 원짜리 지폐들만 있었다.
"죄송하지만 잔돈이 없어서 그러는데 현금카드로 해도 되나요?"
다행히 전파사 사장님이 카드도 된다고 해서 잘 해결이 되었다.

고마운 분들의 도움으로 생각지도 않은 난감한 상황을 무사히 해결했다. 가벼워진 마음으로 부모님 산소에 들러 성묘하고 서울로 올라오는 차 안에서 아내한테
"삼십 분 동안 헤매고 다녔어도 잘 해결돼 다행이다."라고 말했다.
집에 도착한 후 곰곰이 생각해 봤다. 몇 년 전에 큰아들이 타고 다니던 차 리모컨 키 건전지를 교체한 적이 있었다. 교체하고 남은 거 하나를 나한테 준 것 같은 기억이 떠올랐다. 기억을 더듬어 집 안 이곳저곳 찾아봤다. 한참을 찾은 끝에 침대 협탁 서랍 속에서 찾아냈다. 가격표를 보니까 '헐' 두 개 들어있는 한 세트에 천 원이었다.
"한 개 오백 원인데 삼천 원 받았네." 혼잣말로 중얼거리다가 "삼만 원 달라고 했어도 교체했을 것을 다행히 이천오백 원만 바가지 썼네."
"그래도 기분 좋은 바가지 썼네."라고 웃으면서 아내한테 말하니까 아내도 따라서 웃었다.
뒷간에 들어갈 때와 나올 때 마음이 다르다고 사람 마음이 간

사한 것은 어쩔 수 없는 것 같다. 나 또한 똑같은 사람인 것을, 잠시 간사한 마음을 가졌던 것이 괜히 쑥스러웠다. 그날 이후로 자동차 안에 예비로 리모컨 키 건전지를 하나씩 넣고 다니고 있다.

유월 (流月)
esgai5@naver.com

소묘
신석정 주제의 퇴근길 랍소디

　이 쪽지 글의 초고는 40~50년 묵은 것들입니다.
　작품으로 간주하기 어려운 소묘들인데, 뭣 땜에 그렇게나 오래 간직하고 있었는지 변명해 보자면, 겉으로 보기에 아무 일 없는 일상도 글 쓰는 사람에게는 사물을 보고 느낀다는 것이 작은 일이 아니어서, 일상에 가려 보이지 않던 삶의 단면이 그의 내면에 분란을 일으키고, 언어적 형태를 요구하며, 삶이 전경에 떠올라 저들의 존재 의미와 가치를 주장하기 때문이겠습니다.

소묘

남십자성

멀리서 포성이 울리고 잠시 후 희미하게 땅이 울린다. 희미한 땅울림, 그 무겁고 낮은 떨림은 군화의 발바닥을 타고 올라와 몸의 내부를 흔든다. 고요한 밤중 맑은 공기 속에 스미는 포성의 광기, 투명한 어둠 속 간헐적으로 뒤척이는 어둠의 광기, 그것은 밤의 정신착란 같았다. 대기가 너무 맑고, 먼 구릉의 검은 숲은 미동도 없이 고요하고 하늘은 찬란했기 때문이다.

암청색 유리 같은 열대의 밤하늘, 남쪽 낮은 하늘에서 크게 빛나는 아름다운 별 하나가 천천히 그러나 확고한 발걸음으로 자오선(子午線) 쪽으로 올라오고 있다. 거기에는 그보다 앞서 좀 덜 밝은 요한의 별이 그 별을 축성하듯 별빛의 성수를 뿌리고, 희뿌연 성운에 에워싸인 수많은 장로 별들이 요한 별의 이마를 씻어 주고 있다. 요한 별은 그의 뒤에 오는, 그보다 더 위대한 자를 예비하고 증거하기 위해, 이제 막 하늘의 정점을 넘고 있었다. 그의 발걸음은 떨리고, 장로들이 참수당한 그를 부축하여 함께 넘고 있었다. 성운이 광배처럼 이 별 무리를 에워싸고 있는 밤하늘은 너무 찬란하였다.

땅울림이 다시 몸을 흔들고 지나갔다. 문득, 가슴 깊은 곳에서, 거기에 파묻어 버렸던 한 마리 짐승 같은 것이 가슴을 물어뜯듯이 부르짖었다. 나는 그 짐승이 아름답다! 라고 내게 외치고 있는 것을 쓰디쓰게 자인했다. 땅이 흔들리고 몸이 죄이며 떨리더니 눈물이 솟구쳤다. 너무 아팠다.

눈

사단훈련은 일주일 이상 지속되었다. 새벽에 연대의 보병 병력은 완전 군장으로 산악행군을 시작했다. 저녁이 되자 눈이 내리기 시작하여 한밤중까지 계속 내렸다. 탈진 상태 가까이 이르면 호각 소리가 귀를 파고드는 것이 마치 송곳으로 찌르는 듯하다. 그것은 귀로 들어와 고막을 찌르고 두개골을 양쪽에서 조여 붙이며 찌르는 듯한 고통을 준다. 발과 다리는 거의 자동적으로 움직인다. 발바닥은 걸음을 떼 놓을 때마다 화끈거린다. 길바닥에 튀어나온 돌멩이라도 밟게 되면, 둔한 바늘 끝이 군화의 밑창을 뚫고 뒷골까지 후벼 파는 듯한 격통을 느낀다. 그 통증이 전류처럼 발바닥에서 대퇴부로 등골로 차례차례 옮겨가는 것을 느낀다. 앞으로 쓰러지려는 몸은 거의 기계적으로 내딛는 다리 동작의 연속 때문에 다리에 얹혀서 떨어지지 않고 계속 옮겨지는 것이다. 다리와 몸은 서로가 서로에게 낯설어진다. 두 다리가 몸뚱이를 떨어뜨려 놓은 채 저희들끼리 가버리는 환각이 들기도 한다. 외기에 노출된 신체의 모든 부분이 지나친 감각의 부하 때문에 쓰라리다. 눈동자를 움직이는 것조차 쥐가 난 다리를 펼 때처럼 아프다. 시각은 쓰라리고 눈은 뜨고 있으나 아무것도 보고 있지 않다. 앞선 그림자가 유령처럼 흘러가는 것을 따라 흘러갈 뿐이다. 감각들이 작열하는 듯한 뜨거운 상태를 지나면 의식이 혼곤해진다. 이 혼곤한 상태를 이겨 나오면, 공허하나 활활 타오르는 듯한 또 다른 의식 속으로 들어가는 느낌이 든다. 의식의 찌꺼기는 다 소진되었고 그것은 더 이상 감각으로부터 어떤 지각도 받아들이지 않는다. 가볍고 공허하며 뜨겁다. 말할 수 없는 안식을 느낀다.

뒤에서 자동차의 경적이 울렸다. 행렬은 자동제어된 것처럼 갓길로 붙어 차가 지나갈 수 있도록 길을 튼다. 전조등 불빛 속에 분분히 흩날리는 강설의 전경이 시야에 들어왔다. 연대장이 한 손으로는 지휘 차량의 창틀을 잡고 한 손에 지휘봉을 장검처럼 쥐고 있었다. 그가 지프에서 내려 행군하는 병력들을 따라 걷기 시작했다. 제군들! 장하다, 힘내라! 짚의 전조등은 무대의 배우를 조명하듯 그를 뒤따라 천천히 움직였다. 그는 지휘관 점퍼뿐인 경장이었다. 그의 앞가슴을 향해서도 눈발이 몰아쳤다. 그의 모습도 곧 눈보라에 휩싸였다. 늠름하였다. 이때, 눈(雪)이 보였다. 솟구치며, 흩날리며, 춤추며…… 희끄무레 유령같이 움직이는 행렬이 사라져 들어가는 어둠을 배경으로. 모든 사물을 배경 속으로 밀어 넣고 눈발이 전면으로 나와, 무한 분신 흩어지며 무리 지어 춤추고 있었다. 벌거벗은, 그러나 몸도 없는 원생대의 거인들이 덩실덩실 춤추는 것 같았다. 그 춤사위를 따라 침묵의 너울이 굽이치고 모든 것이 잠잠해졌다. 세상이 사라지고 없었다. 이름을 거부하는 눈이, 사전에 등재되지 않은, 결국 무엇인지 알 수 없는 무엇이, 지극히 짧은 순간, 무너진 세상을 딛고 현현하였다.

안개

숙영지에서 새벽에 철수했다. 일부 병력의 수송에는 트럭이 동원됐다. 자욱이 깔린 안개가 술렁술렁 흔들리며 만질 수도 있고 손에 잡히기도 할 것 같았다. 조그맣게 혹은 크게 뭉쳐지고 흩어지고 했다. 트럭에 올라 아무 생각도 없이 슬금슬금 뒤로 물러나는 안개를 멍하니 바라봤다. 윤곽이 불투명한 나무 그림자들이 시야의 등 뒤에서 어둡게 나타나서는 멀어지면서 안개만큼 부드럽게 반투명해지곤 했다. 그런 다음엔 안개의 하얀 어둠 속에 묻혀 사라졌다.

  트럭의 상판이 어쩌다 꿈틀했다. 비포장 길 노면의 딱딱한 반발과는 다른 뭉클한 느낌이 엉덩이로 전해 왔다. 트럭이 잠시 멎더니 '개를 치었다,' 고 중얼거리는 소리가 운전석 쪽에서 들려왔다. 그것이 혼미한 감각 때문에 어디 먼 데서의 잠꼬대 소리처럼 들렸다. 트럭은 다시 움직였다. 곧 길바닥 위에 시커먼 물체 하나가 뒤로 물러나며 멀어지는 것이 보였다. 한번 꿈틀하는 것 같더니 잠잠해졌다. 차츰 멀어지며 그 꺼먼 반점도 안개 속에 묻혀 보이지 않았다. 수수께끼 같은 어떤 사건이 소리 없이 조용히 이루어진 것이다. 밀도가 너무 높은 나머지 안개가 한 차례 경련을 일으키기나 한 듯. 아무 소리 없는 검은색의 색감이 희부연한 안개 속에 아주 강렬했다. 너무 고요하여 길바닥은 땅바닥이 아니라 안개의 웅덩이, 떠 있는 웅덩이의 한 켜처럼 느껴졌다. 거기 그 무언가의 주검이 지금쯤 얼마나 깊이 가라앉고 있을까?

신석정 주제의 퇴근길 랍소디

 태풍이 소멸했다. 비가 뚝, 그치자 하늘이 그지없이 투명하다. 유랑하는 구름장 중에서, 북서쪽의 무리는 말머리 가지런히 노을이 타는 서역 만리 길을 가고 있다. 선봉의 구름 이마들이 황금빛으로 번쩍인다. 늦은 오후의 청명이 세상의 역사를 아득히 지워버린 것 같다. "지난 밤사이 영동지방에 이백 미리가 넘는 큰비가 한꺼번에 내려 많은 인명 피해와 재산 피해가 발생했습니다. 이번 비로……" 앞의 밴이 노랑 신호가 깜박거리는 사이 날렵하게 좌회전하여 앞줄의 꽁무니에 따라가 붙었다. 그 뒤에 끊어진 시간의 컨베이어 벨트가 오그라들며 잠깐 경련하는 듯했다. 세상이 막막하다.

 "어머니, 아직은 비등을 켤 때가 아닙니다." ? 수북이 엷게 번지는 어스름 녘, 하루해가 사그라지는 시간의 향기를 맡을 수 있다. 새들은 아직 깃으로 돌아오지 않는 시간. 궤도의 꼭대기에서 초승달은 잠시 쉬고, 버즘나무 우듬지의 나뭇잎들 우르르 조막손들을 펴 들고 초승달을 간질이려 한다. "갑자기 불어난 계곡물에 열 명이 숨지고 예순여덟 명이 실종됐습니다." 차창 밖 북쪽에 골기 올연한 북한(北漢). 스포츠머리, 칙칙한 암녹색 수염, 호우에 씻긴 이마와 가슴팍의 크랙들이 선연하다. 비바람은 가리지 않는다. 텐트 속의 연인들도, 캠핑의 잔반도, 티코[3]도, 모두 평등하게, 이름도, 다 못한 말도, 울부짖음도, 차마 죽음이랄 수도 없는, 모두 분해된 물속으로, 이윽고는 은빛 물줄기 굽이굽이 흐르는 유구한 공간 속으로 데려간다. 그렇게 그때가 오고, 또 그때가 와서. 그들의 오늘, 지워진 역사 속에서 화석을 털어내 호모 사피엔스란 딱지를 붙이고 초록 행성의 암종이었다고 기록한다. "두 은행이 합병을 발표했습니다. 세계적 규모를 갖춘 슈퍼 은행이 탄생하게 되었습니다. 종업원 40퍼센트를 감축할 계획입니다. 노사정 위원회는……" 그해 11월 마지막 날, 북한산에서 첫눈을 맞았었지. 눈보라 뒤로 사라지던 골짜기와 능선, 소나무의 푸른 깃은 서슬이 더욱 파랗고, 회오리치는 눈발 속에 용린(龍鱗)을 다 떨군 붉고 붉은 몸통으로 꿈틀꿈틀 솟아오르는 적송이 스르렁, 스르렁 울며 사라지고 있었다. 삐긋 한번이면 노숙자 신세 되는 거지. 사장의 면전에 "지겹다!" 한마디면. 허구한 날들을 미뤄 왔지. 정말 "Like a dog!"

---

[3] '티코'는 1991년에 출시됐다가 2001년에 단종된 한국의 경차 브랜드이다. 외관이 네모 상자에 엔진을 장착한 것처럼 보였다.

멀리 한강 하구의 가물가물한 수평선 상공에 붉은 노을, 타는 듯한 그 붉은 색을 배경으로 먹빛의 구름 띠가 두텁게 가로 누워 있다. 노숙자는 뭘 먹고 사나? 실종자는 저 수평선에 살고 있나? 아니, 죽어 있나? 죽은 채로 살고 있나? 사망도 선고도 유예된, 요원한 어느 지점? 짓다가 무너진 다리의 쓰러지지 않고 남은 교각⁴이 수평선 입구를 보초병처럼 지키고 서 있다. 빨간 미등의 행렬이 사행(蛇行)하며 무적(霧笛)을 울려댄다. 지워진 세상 혹은 푸른 해원을 향한 깃발의 핏대 선 아우성 같다. "어머니, 당신은 그 먼 나라를 알으십니까?" 아무도 살지 않는 그 먼 나라를? 전방에 아파트 서너 동, 자동차 행렬을 발치에 내려다보며 지평을 가로막고 서 있다. 암청색 하늘 배경에 모진 윤곽을 야무지게 박고 끄떡없이 서 있다. 귀하는 오늘 밤 그 먼 나라로 실종하십니까? 그 먼 나라를 아시나요?

---

4 행주대교는 건설 중이던 1992년 7월 상판 거치 작업 도중에 붕괴했다. 교각은 즉시 철거되지 않고 2년 이상 방치돼 있었다.

이춘명

lcm0187@hanmail.net

사랑을 빌립니다
나에게 2월은
미운 사랑

만나지 않으면서 끊어지지 않는 줄은 글이 최고이다.
나는 서울 성북구 장위동에서 글을 보내고 단단한 매듭을 꽉 쥐고 있다.

사랑을 빌립니다

 5층으로 이삿짐이 올라갔다. 큰 평수로 3가구가 산다. 내 방 쪽이라 501호이다. 5층 건물 3동이 나란히 있는데 가운데인 우리 나동은 자주 이사를 가지 않는다. 그래서 이사 오는 날이 드물다. 아파트 당첨이나 자격 미달이 아니면 계속 살 수 있다. 내가 여기 온 지도 6년이 지났다.

 나는 9살 초등 2학년이다. 걸어서 5분이면 학교이다. 재활용 쓰레기장에 학습지 문제집이 버려져 있었다. 이곳에 우리 학교 동급생 여자애가 살고 있는 것을 알게 되었다. 자주 만나지 못해서 짐작한다. 나 혼자, 이곳에서 어린이는 1명이었다. 반갑고 궁금하고 보고 싶었다. 등하교 시간에 계단이나 현관에서 한 번도 마주치지 않았다. 얼굴을 모르니 학교 복도에서도 지나쳤을 수도 있을 텐데 누군지 모른다. 나는 8시 30분에 갔다가 4시 30분에 온다.

여자 어른 두 명이 있는 집에 유일한 남자다. 수영장 갈 때 탈의실에 혼자 갈 나이이다. 작년까지는 직원의 도움을 받았었다. 아주 고급스러운 곳에서나 그런 혜택이 있다. 대부분은 없다. 복잡하고 넓은 곳에서 헤매다가 기다리는 엄마가 애태우고 걱정한 적이 여러 번 있었다. 그럴 때마다 나도 남자 어른이 보호해 주었으면 했다. 다른 친구들이 부럽기도 했다. 친구들이 남자들끼리 놀고 운동하고 여행 갔던 이야기를 할 때는 나는 듣기만 했다. 할 말이 없었다.

학교 공개 수업 때 가끔 오다 가나 가볍게 인사하던 아저씨와 엄마가 서로 알게 되었다. 그 이후 우연히 스칠 때가 가끔 있어서 낯설지가 않았다. 방학 때는 시골에 가서 오래 있다 오는 그 아이와 달리 나는 집에 있었다. 아이들끼리는 통성명하는 기회가 적었다. 어느 날 동네 고깃집에서 할인 행사를 하여 가서 맛있게 굽고 갈비를 열심히 뜯고 있었다. 그 집 가족 3명이 옆자리에 앉았다. 아빠와 둘이 살고 할아버지가 평일에 와서 같이 지내다가 금요일에 고향집에 가서 월요일 낮에 온다는 말을 하며 친해졌다. 나는 엄마와 할머니와 같이 살고 있다.

개학이 일주일 남은 날 수영장에 갔다. 입장 줄에 서 있는데 낯선 사람 앞에 그 애 가족이 있다. 서울에서 유일하게 한 군데 있는

워터파크가 이번 달에 영업 종료라고 하여 서둘러 온 날인데 뜻밖에 아는 사람들을 만나니 더 좋았다. 그곳은 할머니가 즐기는 노천온천이 유명하고 실내 놀이 시설이 스릴 있어 아이들에게 인기가 있고 구워주는 삼겹살 식당도 있어 엄마들에게도 맘카페에 입소문이 난 곳이다. 남성 입장 쪽으로 가는데 아저씨가 먼저 말했다.

"제가 데리고 갈게."

"고맙습니다. 저도 같이 갈게요. 이름이 뭐야?"

즉석에서 이루어진 일이다. 놀랍고 기분이 들뜨고 설 다. 사물함 번호를 찾고 내 키에 높은 곳에 깡충 발을 들어야 하고 커다란 어른들 틈에서 불편하고 어색하고 눈치가 보였다. 오늘은 나도 가족처럼 부자의 모습으로 당당히 의젓하게 기죽지 않게 할 수 있겠다 하니 웃음이 났다. 엄마는 그 애 짐을 들고 한 손으로 그 애 손을 꼭 잡고 어느새 여성 전용 구간으로 들어가고 있었다. 그 애 할아버지가 1시에 식당으로 오세요 제가 대접하겠습니다 했다. 우리 할머니가 정중히 인사를 하며 "네에!" 했다. 대가족이 됐다. 여럿이 북적대며 밥 먹는 것은 처음이다.

나에게 2월은

"놀라지 마세요, 두드립니다."
쾅 쾅 쾅 -

망치질로 머릿속이 흔들린다. 핏줄과 신경이 엉키는 느낌이다. 두 번째는 작은 신음 소리를 냈다. 아프세요? 아니지만 좀 불편합니다. 또 칩니다. 그렇게 왼쪽 위 사랑니 자리에 뼈를 심었다. 잇몸 좋을 때, 한 살이라도 젊을 때 해야지, 더 늙으면 틀니 뺐다 꼈다 해야 한다고 15년 전에 양쪽 위아래 8개를 했었다. 하나씩 염증이 생기고 통증이 심하여 신경치료도 안 먹혔다.

정부 지원으로 두 개는 이미 끝나고 앞니는 미용 쪽이라 생돈 목돈으로 같았다. 정기 검진으로 10년째 다니는 이곳은 백화점 10층에 있다. 주말, 공휴일도 진료 가능이라는 장점이 크다. 비보험으로 하는 기간 동안 미세한 아픔은 귀, 코, 정수리까지 진통 소염제로 달래지 못해 견디다 버티다 기계 소리 그 싫은 소리를 참으면 오는 곳이다. 원장에 대한 신의와 신뢰가 크다.

"코피 날 겁니다. 코 풀지 마세요, 코에 물 들어가지 않게 하세요, 뼛가루 넘어옵니다."

수영, 마라톤, 헬스, 심한 호흡의 과한 운동 삼가세요. 가벼운 걷기 운동으로 노후 건강 유지해야 합니다. 당부하는 말 뒤에 임플란트 전용 환자 상담용 수술 후 주의 사항을 받았다. 잘 준수하여 안정적으로 회복하세요. 거즈는 2시간 이상 물고 침이나 피는 뱉지 말고 삼켜 주세요. 수술 후 하루 동안은 5분 간격으로 얼음찜질을 해주세요. 통증 완화 및 염증 예방을 위해 처방약 5일분 페니실린제 항생제, 오구민턴, 버스테로이드성 부루틴, 위점막 보호 소화성 궤양 치료 지스티렌정 1일 3회 1정씩은 반드시 복용 하세요. 1주일간 연식 유동식을 드세요. 질기거나 단단하거나 뜨거운 음식은 피하세요. 임시 붙여 놓은 껌 접착제 떨어집니다. 사우나는 삼가고 충분히 휴식하세요. 최소한 한 달간 금주 금연하세요. 처방 치료 약물 모두 비보험 적용입니다.

현대 해상 4세대 실손 의료 보험 전화 제도 갱신 보험료 부담 안내문이 와 있었다. 기존 대비 저렴한 것으로 계약 담당자나 실손 전환 전용 콜센터 문의 자동 갱신 후 무배당 스타 골드 종합 보험료 나이별 1만원 인상 약관상 갱신 담보 납입 방식과 기간 참고 바람. 종이 서류 없음을 읽으면서 치과에 대한 보험을 암보험 기피하듯 가입하지 않은 것에 후회했다. 이제는 늦었다. 점점 늙어 청구 기회가 많아질수록 해당 항목은 줄고 납부 금액은 치솟고 있다.

약국은 이미 아는 얼굴로 눈인사를 한다. 각 질환별 처방전으로 문턱이 닳는 시간에 나도 얹혀있다. 호흡기, 소화기, 당뇨, 고혈압, 근골격근질환, 피부, 안과, 내과, 가정의학과 의사의 각각 다른 약에 나는 면역력이 무뎌지고 만성 질환 잘 낫지 않는 노인성 불치병 환자로 변해간다.

찬바람, 찬 음료를 주의하시고 충분한 수분, 영양식 공급을 해야 합니다. 건조하지 않도록 습도 유지하고 과식, 급한 식사, 기름진 음식, 튀김류, 밀가루, 매운 음식을 피하세요. 가급적 따뜻하게 환경을 만들고 소식하면서 규칙적인 생활 습관과 정기적 의학 검사가 필수 요건입니다. 하루 30분 이상 유산소 운동하세요 라는 강조된 유의 사항으로 2월은 나를 단단하게 하고 있다.

미운 사랑

"안녕? 잘 지내지? 바쁜지 통화가 안 되네. 안암 병원 검사 왔는데 시간 되면 밥 같이 먹으려고 전화했어. 11시 이후 통화 가능한데 꼭 연락 줘."

"11시에 국화님과 태릉입구역에서 약속했어. 오늘 시간 되면 꼭 만나고 싶어."

"그래, 지금 갈게."

내가 먼저 전화하지 않았다. 그날 이후로는. 막막하고 답답할 때 내 목소리를 들으면 다른 친구들과 있다, 어디 간다, 시골에 왔다 하면서 피했던 친구다. 신용 불량자가 되어 일주일간 급전이 필요할 때 땅 산다, 해외여행 간다, 떠들썩하던 형님은 여유가 없다고 연락을 뚝 멈췄다. 두 사람에게 멀리 거리를 둔 십 년이 흐르면서 끊어지다 연락이 오면 만나고 전화가 오면 이어지면서 서먹서먹하다가 불편한 듯 친한 듯 대화 흐름이 매끄럽지 않은 관계였다. 스스럼없고 허물없는 사이에 강은 깊고 길게 흘렀다. 자꾸 그때의 기억이 떠올라 내색하지 않으려고 해도 내 얼굴은 확 풀어지지 않고 속을 다 내주지 않는 단답형 대답으로 만나도 그리 신나지 않았다.

친구가 신호를 보낼 때 나는 거절하지 않는다. 어디야? 알았어. 얼마든지 출발할게 한다. 그리고 오늘 너와 끝이라도 좋아! 말끔하게 우정을 관리하는 작정으로 같이 있는 시간 안에 지출되는 모든 비용을 넉넉히 주머니에 잔뜩 준비하고 전쟁에 나서는 것 같이 나간다. 마주한다.

국화님 단골 식당인 화랑대역 7번 출구앞 코다리 낙지 맛집에 갔다. 2인 이상 주문 가능한 메뉴라서 4인분 7만 원을 화장실 가는 길에 미리 계산했다. 눈치 빠른 어른이 벌떡 쫓아왔다.

"왜 계산했어? 내가 밥 한 번은 사주고 싶어서 오늘 일부러 부른 거야. 안 돼. 내가 낼 거야."

나는 양보했다. 사주고 싶은 사람에게 기회를 주는 것도 덕을 쌓는 것이고 그의 마음을 편하게 해주는 아랫사람의 예의이구나

했다. 희자는 꼼짝 안 하고 자리에 앉아 있었다. 만날 때마다 모른 체한다. 셋이 나눠 내자는 말도 안 한다. 나도 모른 체하고 성질 급한 내가 일어선다. 오늘은 국화님이 사주는 밥을 맛있게 한 그릇 반을 매운 양념에 비벼 싹싹 다 먹었다. 자꾸 낙지를 얹어 주고 코다리 살을 찢어 밥 위에 놓고 미역국 더 줄까, 콩나물 더 달라고 할까, 비위를 맞춘다. 무언가 줄 때 기꺼이 받는 것도 정이다. 그것이 편한 일이면 그렇게 해주는 것이다.

우리 4월에도 만나자, 꽃구경 가자, 한 달에 한 번씩 바람 쐬자. 35년 전 산악회에서 만나 자주 놀러 다녔던 것처럼 다시 하자. 이런저런 제안을 한다. 웃으며 네 하고 대답해 주었다. 얻어먹으면 또 만나야 한다. 언제든지 내가 사야 한다는 숙제가 남는다. 오늘 보고 또 1년이 지날지 몇 년이 걸릴지 그때의 끈끈한 사이를 회복되지 않을지라도 수시로 연락할지는 미지수이다. 내가 내키지 않는다. 오늘의 내 얼굴이 그들에게 끝인사가 되더라도 나는 맛있게 먹어 주었다.

조향순

wings5692@naver.com

소확행(小確幸)
- 1. 물에 잠긴 분홍 2. 참 잘했어요 3. 돌더미
4. 신발장을 떠난 청춘 5. 개망초와 지방시인

1977년 영남일보 신춘문예 시 당선
시집 『꿈은 꿈대로』 산문집 『말 붙잡기』 등 다수

소확행(小確幸)

1. 물에 잠긴 분홍

　30여 년 전 댐이 만들어지던 날, 마을이 물속으로 사라지던 광경을 어떤 분이 일부러 이야기해 주셨다. 학교와 마을과 골목과 나무가 잠기는데, 유독 눈에 박힌 것은 마지막으로 손 흔들며 물에 잠기는 분홍 복사꽃 한 그루였다는 것이다. 순간 한기가 온몸을 주욱 훑어 내려갔다. 아, 물에 잠기는 분홍이라니!
　정말로 기가 턱 막히는 장면이다.
　그 분홍 얼마나 슬펐을까. 나는 가요, 나는 가요. 물에 잠기면서 분홍이 마지막으로 하고 싶은 말은 무엇이었을까. 치밀어 오르는 먹먹함에 차마 더 생각할 수가 없어 결국은 지금까지도 그 글을 쓰지 못하고 있다.
　어느 정도 감정이 가라앉아 거리가 생겨야만 글로 옮길 수 있는데, 이 장면은 쓰고자 생각만 해도 감정이 후루룩 넘쳐흘러 도무지 쓸 수가 없다. 감정이 너무 격하고 감동이 너무 크면 생각이 놀라 멈추어버린다.

고려 시대의 유명한 문인이었던 김황원이 대동강 부벽루에 올라 주변의 아름다운 경관에 도취하였다. 정자에는 이미 다른 사람들의 수많은 글이 벽에 붙어 있었지만 마음에 흡족한 글은 하나도 없었다. 그들의 부족함을 비웃으며 그것들을 모두 떼어버리고, 어디 내가 한번 써보리라! 드디어 그는 붓을 들었다.

그러나 '長城一面溶溶水, 大野東頭點點山(긴 성 한 쪽을 끼고 넓은 물이 질펀하게 흘러가고, 너른 벌 동쪽 가엔, 점점이 산이더라)'에서 생각이 막혔다. 그는 뒤를 잇지 못해서 울며 내려왔다는 일화가 있다. 나는 가끔 이분의 심정이 되곤 한다.

물에 잠긴 분홍뿐만 아니라 수레국화와 양귀비꽃이 어우러져 피어있던 평원의 아름다움, 파르스름한 달빛에 잠겨 있던 옛 마을의 모습, 지나간 얼굴들, 휴일의 적막한 골목 등 숙제가 많이 밀렸다.

글이 제대로 되지 않으면 헛살아온 것 같아 아주 의기소침해진다.

그런데 그저께 은행에 갔다가 벽을 장식하는 큰 액자 속 사진 아래에 소확행(小確幸) 3 '참 많이도 쉰다'가 코팅이 되어 붙어 있는 것을 보았다. 참 고마운 응원이다. 물에 잠긴 분홍을 금방이라도 쓸 수 있을 것 같다.

2. 참 잘했어요

매주 목요일 오후에 있었던 '행복한 글쓰기 교실' 전반기 수업을 지난주에 마쳤다.

숙제로 내준 필사를 하다 보면 무더위가 끝나고 9월이 오고 후반기가 시작될 것이다. '행복한 글쓰기 교실'은 점촌도서관에서 1주일에 한 번씩 하는 두 시간짜리 강좌인데 여기 학생들은 잘난(?) 어른들이다.

'최고급 오락'을 한다는 이들의 자긍심은 대단하다. 그런데 이 잘난(?) 사람들이 참으로 귀엽게 유치한 데가 있다. 부를 때 무슨 사장님, 회장님, 선생님, 과장님 등 호칭은 모두 빼고 그야말로 아동처럼 그냥 이름을 부를 거라 했더니 뜻밖에도 너무나 좋아했다. 출석을 부르면 '네! 네!' 하고 마치 초등학생처럼 대답도 곧잘 한다.

그런데 더 재미있는 건 자꾸 숙제 검사를 하라고 한다. 교재에 인용된 시와 산문을 필사해 오는 것인데, 부담을 줄까 봐 모른 척 넘어가려 하면, 되려 자꾸 검사를 하라고 한다. 나는 숙제 검사를 하면서 끝부분에 도장을 꽝, 찍어 준다. 한가운데 엄지척 하면서 '최고!'라는 주먹이 그려져 있고, 둘레에는 뽕뽕 별이 몇 개 있고, '참 잘했어요'라는 말이 동그랗게 쓰인 플라스틱 도장이다. 이들은 '참 잘했어요' 도장을 너무나 좋아한다. 노트에 찍힌 '참 잘했어요'를 들여다보고 또 들여다보면서 한참 좋아한다. 이들이 자꾸 숙제 검사를 하라고 하는 것은 이 도장맛 때문인 것 같다.

그다지 험한 길 걷지 않고 살아온 나는 부모님께 늘 감사하고 있다. 잔병치레도 없는 체질까지 물려 주심을 요즘 들어 더 고마워하고 있다. 그러나 칭찬에 너무 인색하셨다. 참 잘한 경우가 더러 있었지만 한 번도 '참 잘했어요'라는 말을 하지 않으셨다. 상장을 받아오면 아버지는 '네가 상 받는 것 보면, 너희 반에는 바보만 있냐?'라고 하셨다. 대신에 부족하거나 잘못한 부분은 지나치는 법이 없이 너무나 명확하고 따끔하게 지적하고 나무라셨다. 내가 비겁할 만큼 소극적이고 내성적이고 망설이고 긴장을 잘하는 것은 지나치게 엄격했던 아버지의 그 교육 영향이라는 생각을 하면 지금도 조금 서운해진다.

요즘 부모들의 자식 자랑과 칭찬은 너무 지나쳐 아이가 도리어 웃자랄 염려도 있지만, 우리 시대의 아버지들은 자식 자랑하면 팔불출이라고 했다. 그래서 우리는 '참 잘했어요'에 목마른 모양이다. 후반기에는 갈증 확 풀리게 '참 잘했어요'를 더 진하게 꽝꽝! 찍어 줄 작정이다.

3. 돌더미

나는 지금 그것을 '돌더미'라고 막 부르고 있다.

더미는 '많은 물건이 한데 모여 쌓인 큰 덩어리'이니 '돌더미'는 그냥 돌이 모여 있는 큰 덩어리란 보통명사에 해당하는 말이다. 마땅히 단 하나의 고유명사로 불러드려야 할 그것을 평범한 보통명사로 마구 부르고 있는 것이다.

두 달 전쯤 산북면 소야리 미면사지(米麵寺址) 입구의 무너진 적석탑(積石塔)을 보고 그야말로 정말 아연실색했다. 자연석을 계단식으로 쌓은 방형 적석탑이 있었다는데, 현재 보이는 것은 큰 돌무더기에 불과했다. 이런 탑은 안동과 의성과 일본 오카야마현 쿠마야마 등 세계에서 4기밖에 없는 적석탑이라고 하니 전문가가 아니더라도 그 소중함은 미루어 짐작할 수 있다. 그러나 현장을 보는 순간, 참말로 미안하고 낯 뜨겁고 화나고 슬펐다.

이제는 무너져 돌더미로 남아있다는 감상(感傷)에서가 아니라, 중장비를 동원한 도굴의 흔적으로 푹 파인 그 모습 때문이었다. 마치 적출 후 꿰매지 못한 사람의 가슴 같아 보여 섬 하기까지 했다. 1980년대에 한 번, 1990년대에 또 한 번, 도굴을 당한 것이 두 번이라고 한다. 한 번은 몰라도 두 번이나 당했음은 너무했다.

가정집에서도 도둑이 들면 카메라도 달고 잠금장치도 확인하여 거듭됨을 방지한다. 그럼에도 이것은 무엇이라는 표식이나 접근을 단속하는 줄 하나 없으니 그냥 그대로 버려둔 셈이다. 머잖아 내력을 알 수 없는 전설 속의 동네 돌더미 하나쯤으로 슬게 될 것이다. 도굴한 사람들은 물론이지만, 두 번이나 패인 흔적을 그대로 보고만 있는 사람들도 참말로 무심하고 무정하기 그지없다.

이 일로 하여 며칠 동안 나는 상당히 울적했다.

모든 것은 세월이 흐르면서 당연히 낡고 빛바래지지만, 그러나 잊히지 않고 싶어 한다. 무너진 탑을 보면, 쌓여 있는 돌멩이들은 서로 끌어안고 잊힐까 봐 떨고 있는 것 같다. 이런저런 사정이야 있겠지만 우리가 잊지 않고 있다는 표시으로 우선 작은 안내판 정도라도 세워놓으면 좋겠다는 생각이다.

작은 돌멩이 한 개 같은 우리 역시 지금도 과거로 떨어지고 있는 중, 보잘것없는 우리 따위도 묘비명을 원하지 않는가.

4. 신발장을 떠난 청춘

신문에선가 TV에선가 본 이야긴데, 돌아가신 부모님이 남겨두고 가신 물건들을 처리하는 자식이 마음을 굉장히 앓는 것을 보았다. 그 부모님도 가기 전에 정리를 한답시고 버리고 버리고 보따리 일곱 개만 만들어 두고 떠나셨는데, 자식은 그 보따리 일곱 개를 두고 고민하는 것이었다. 전세로 월세로 수없이 이사를 하면서 살아야 하는 세상인데, 그때마다 이것을 끌고 다녀야 한다니.

부모님이 남긴 물건들을 어떻게 버릴 것인가를 두고 자식은 고민, 고민을 한다. 그토록 부모님이 애지중지하던 물건들을 버려야 한다는 자체에 이미 죄책감을 느끼고, 버릴 수밖에 없는 자신의 처지에 자괴감을 느끼면서 힘들어한다.

앨범, 책, 상장, 상패와 공로패, 편지묶음, 일기장, 마음먹고 산 물건들, 추리고 추려도 누구나 보따리 몇 개는 될 것이다. 그래도 수십 년간 머물다 가는 세상인데 더 많으면 많았지 적지는 않을 게다. 그러나 우리의 추억과 영광과 사랑과 아픔의 기억이 우리의 아들이나 손자들에게도 똑같은 무게를 가지는 것은 아니다. 그런데도 자식들이 나처럼 애지중지 보관해 주고 기억해 주길 원한다면 참 철없고 이기적인 부모라 하지 않을 수 없다. 내 손으로 내 것을 치워주고 가는 것이 자식들을 도와주는 일이라는 생각이 든다. 보따리 일곱 개를 서너 개로 줄이고 한두 개로 줄여보자. 한 개도 없어도 좋다. 그래도 보이지 않는 것들은 그들의 가슴 속에 남아있을 것이니 서운할 필요는 전혀 없다.

  나도 버려보기로 했다. 우선 신발장을 정리하기로 했다. 언제부턴가 신발장에는 구두가 슬금슬금 줄어들고 운동화가 늘기 시작했다. 헤어져도 그리 서운하지 않은 것들은 때때로 한 켤레씩 한 켤레씩 이미 버렸다. 그런데 차마 버리지 못한 것이 있었다. 분홍색 구두와 청색과 주황색 여름 샌들이었는데, 내가 가장 아끼고 좋아한 것들이다. 이것들은 모두 굽이 높은 것들이다. 그러니까 이것들은 종아리에 빳빳한 힘이 들어있던, 청춘의 표상인데, 내가 이것들을 신어본 지는 이미 아득하다. 그러면서도 차마 치우지 못했지만 언젠가부터 다시는 이것들을 신을 수 없으리라는 확신을 했다. 오늘은 이것들과 과감하게 이별한다.

  신발장에서 청춘을 떠나보내고 나니 왜 이리 후련한가. 청춘은 길고 후텁지근한 터널이다. 가고 돌아올 수 없다는 것은 우리에게 주어진 가장 큰 축복이다.

5. 개망초와 지방시인

영강체육공원을 한 바퀴 돌고 보행교를 건너 내려가면 한적한 도로변에 백일홍들이 모여 바다를 이루고 있다. 여기에 이런 꽃바다가 있는 줄 아는 사람은 별로 많지 않다. 백일이나 핀다니 넉넉하지만, 그래도 지기 전에 서둘러 꽃바다에 한번 풍덩 빠져 보시길 바란다.

그저께 해 질 무렵에 처음 갔다가 사진도 찍고 제대로 보려고 어제 다시 갔다. 꽃치고 예쁘지 않은 꽃이 어디 있으랴만, 나는 본래 이 백일홍은 그다지 좋아하지 않았다. 줄기와 잎에 나 있는 털들이 가시처럼 느껴지고, 꽃잎도 개양귀비나 모란처럼 보드랍지 않고 뻣뻣해서 쉽게 손이 가지 않았다. 그런데 이렇게 여럿이 모여 바다를 이루고 보니 너무나 곱다. 여자들이 양산을 들고 서 있는 르누아르의 그림 같다. 여럿이 모이면 다 근사하고 멀리서 보면 다 예쁘다.

돌아 나오다가 울타리 근처에 피어있는 한 무리의 개망초꽃들을 만났다. 선택받은 백일홍들이 주어진 공간에서 활개를 치며 놀고 있는데 이것들은 울타리까지 밀려나서 거기서 나름대로 마을을 이루고 꽃을 피우고 있었다. 백일홍들은 노랗고 빨갛고 하얀 여러 색깔을 넉넉하게 흩뿌리며 피어있었지만, 개망초는 오직 하얀 색깔 하나만 가지고 꽃을 피우고 있었다. 자세히 보니 조그마한 얼굴이 참 귀엽다. 금방 단발한 시골 아이 같나. 현란함으로 따진다면 백일홍에 비길 수 없지만 이 조용함과 소박함과 단순함도 그에 못지않은 호감을 준다.

 어쩌다 백일홍은 선택되고 개망초에는 그런 기회가 주어지지 않았을까. 백일홍도 출신은 잡초였으나 화초가들이 손을 대어 지금 모습이 되어서는 울타리 안으로 들어오는 팔자로 바뀌었지만 어쩐지 억세게만 느껴지고 근본 자체는 바꿀 수 없다는 생각이 든다. 그러나 출신이 비천하면 어떤가. 그게 뭐 대수일까마는 같이 귀화해 온 처지임에도 꽃밭 한가운데 진을 치고 있는 백일홍과 울타리 근처로 밀려나서 꽃을 피우고 있는 개망초의 처지가 참 대조된다.

 개망초를 보면서 문득 '지방시인'이란 단어를 떠올렸다. 다른 분야도 마찬가지지만 모든 힘은 중앙으로 집중된다. 지방에 살다 보면 활동 범위도 좁아지고 정보에도 한발 늦어지고 이름도 희미해지기 마련이다. 한때는 그런 것이 억울하고 속상한 적도 있었지만, 요즘 와서 생각해 보면 쓸데없이 속상했다는 생각이 든다. 그냥 이렇게 개망초꽃처럼 방글방글 쓰고 있으면 알아보고 반갑게 다가오는 사람도 있을 것이고, 현란한 백일홍꽃밭만 보고자 후딱 지나치는 사람들도 있을 것이다.

 그래도 괜찮다. 다 괜찮다.

주미경

dpch0130@naver.com

손편지
웃음치료 활동가
친구는 부재중

　서울에서 태어나 시골 풍경이 궁금해 여행 다니길 좋아합니다. 제 모습과 말투를 보고, 듣는 주변 사람들은 충청도가 고향이냐고 묻지만, 지금은 경기도 부천에서 32년째 터를 잡고, 소중한 기억을 놓지 않기 위해 글을 쓰고, 그 인연을 이어가기 위해 시산 작가회 문예지에 참여합니다. 7년 전, 처음 수필 동인지에 참여했을 때가 생각이 납니다. 교보문고에 가서 출간된 동인지를 검색하고, 참여한 작가 중 제 이름을 발견했을 때의 설렘과 기대, 그리고 기쁨의 순간이 아직도 가슴 깊이 남아 있습니다. 눈으로 바라보는 세상을 담고, 책을 통해 많은 사람과 소통하고 싶어 글을 씁니다.

손편지

친정집 책장을 더듬으며, 잔뜩 기대와 설렘으로 찾았던 짧은 순간이지만, 생각해보니 어이없는 내 행동에 웃음만 나온다. 아직도 철없는 사춘기 소녀처럼 육십을 바라보는 나이가 참 무색하다. 누군가에게 손편지를 얼마나 써 봤을까? 학창 시절 아는 언니, 오빠, 먼 지방에 사는 펜 벗까지 많은 사람에게 편지를 썼던 기억이 난다. 초등학교 6학년 때부터 편지 쓰기를 좋아했다. 지금 생각하니 취미가 편지 쓰기였다는 것을 뒤늦게 알게 되었다.

결혼 후, 서울 영등포 친정집에 갔다. 베란다와 책장을 꼼꼼히 찾아보아도 보물처럼 여겼던 편지들이 모두 사라졌다. 학창시절 편지를 주고받았던 남학생과 친구들의 편지를 어머니는 행여 결혼 생활에 분란을 일으킬까 염려되어 결혼 전에 모두 불태워 버렸다는 말에 나는 충격을 받았다. 사춘기 소녀 시절 그 편지들은 나에게 큰 위로가 되었다. 막 피어나는 새순 같은 싱그러움이 그런 걸까? 지금의 나는 30년이 넘도록 결혼 생활을 한 주부다. 지나간 추억을 새삼 찾아보고 싶은 마음은 그리움이 맞다. 지난 시절의 풋풋했던 첫사랑을 찾고 싶었던 것은 아닌지 알 수 없는 내 마음에 웃음이 났다.

봄맞이 집 안 대청소를 하다가 서랍장 안쪽에 처박혀 있는 낡은 상자가 눈에 들어왔다. 얼마나 긴 세월을 참고 기다렸을까? 주인의 손길을 오랫동안 기다린 듯, 상자 뚜껑 위에 먼지가 뽀얗게 쌓여 있었다. 마른 수건에 물을 조금 묻혀 뚜껑에 쌓인 먼지를 살살 닦아냈다. 무언가 잊었던 이야기들이 마구 쏟아져 나올 것 같은 상자 안에 내용물이 궁금했다. 낡은 뚜껑이 찢어질까 봐 조심스럽게 열어 보았다. 그 안에는 여러 통의 편지가 일련번호가 적힌 채, 가지런히 들어있었다. 남편과 4년간 연애하며, 내가 남편에게 보낸 편지였다. 35년 전 나는 매우 수다스러웠다. 남편은 내 이야기를 잘 들어주는 건장한 청년이었다. 데이트하며 땅거미 지는 어둠이 몰려오는 저녁 시간도 잊고, 수다 삼매경에 빠져 집에 갈 생각도 않았던, 젊은 날의 혈기 왕성했던 시간이 주마등처럼 뇌리에 스쳐 지나갔다. 늘 데이트 후, 헤어짐이 아쉬워 버스를 타는 남편에게 미리 곱게 쓴 손편지를 전해주고 헤어졌다. 남편은 그때의 추억을 잊지 않고, 일련번호까지 쓰며 정리해서 보관한 마음이 나에게 큰 감동을 주었다. 그런 남편이 참 고마웠다. 그 편지들은 날짜 순서대로 잘 정리되어 있었다. 이십 대에 읽었던 시집 중, 가장 내 마음에 위로를 주었던 여러 편의 시와 함께 그림을 그린 작은 노트도 함께 들어있었다. 오랜 세월 상자 안에는 낡은 노트가 들어있었다. 기대와 설렘으로 심장이 매우 빠르게 뛰었다. 두근거리는 마음으로 다음은 편지 한 통을 꺼내 보았다. 첫 문장부터 내가 쓴 글을 읽으려 하니 얼굴이 붉어지고, 심장이 두근거렸다. 읽을수록 머리부터 발끝까지 닭살이 돋고, 머리카락이 공중으로 한올 한올 치솟았다. 절절한 사랑을 가득 담아 표현한 편지글이 내가 썼지만, 무척 마음이 오글거렸다. 한줄 한줄 읽어 내려가는 동안 뇌리에 내 마음을 그려보았다. 무척 소름 돋고 간지러웠다. 삼십 년을 훌쩍 넘긴 글이라서 종이에 까만 볼펜 자국이 군데군데 번져 있었다.

'남편은 편지를 읽으며, 무슨 생각을 했을까?'

내가 받은 남편의 편지는 몇 통 되지 않았지만, 학창시절부터 글쓰기를 좋아해 먼 지방에 사는 펜 벗까지 주고받던 편지가 많아 상자에 담아 보관했었다. 그러나 결혼을 한 후, 제대로 챙기지도 못하고, 사실 잊고 살았다. 그 안에 함께 있던 남편의 편지도 모두 친정에서 챙겨오지 못했다. 친정어머니는 내가 결혼한 후, 다 소각하였다는 말을 전했다. 왠지 모든 추억이 먼지가 되어 하늘 어딘가로 날아간 것 같아 무척 아쉽고 속상했다.

물 흐르듯, 지나온 세상은 많이 달라졌다. 급속도로 변화된 정보화 시대는, 무엇이든 컴퓨터와 휴대 전화에 의지하다 보니, 손가락 감각도 조금씩 연필을 잡던 기억을 놓는다. 오른손 가운뎃손가락에 굳은살이 단단한 바위처럼 생겼던 지난 기억을 모조리 잊고 살았다. 다시 연필을 잡고 하얀 여백에 한 줄 인사말을 적으려니 그 또한 어색하다. 무엇이든 처음이 어렵다. 다시 시작하면 되는 일을, 나는 무엇 때문에 망설이는지, 나를 모르겠다. 점점 용기가 사라지고 있다. 두려워 다시 잡았던 연필을 놓았다. 마음으로는 낙서라도 좋으니 시작해 볼 용기가 나지 않는다. 연필과 종이가 한 몸이거늘, 첫 소절부터 막혀 바보처럼 멍하니 책상 앞에 앉아 있었다. 습관이 무섭다고, 글을 쓰고 싶은 생각이 날 때마다 작은 수첩에 짧은 글을 쓰기 시작했다. 시간이 지나, 뒤돌아보면 벌써 이만큼 썼다며 혼자 환호성을 지르기도 하였다. 글을 쓰다 막히면 잠시 쉬어가도 되는데, 무엇이든 억지로 하면 탈이 난다. 편지도 누군가에게 보내기 전에, 퇴고가 필요하다. 부쩍 말의 힘보다 글의 힘을 더 실감한다. 내 마음을 온전히 전달하는 표현이기도 하지만, 그로 인해 오해가 생기는 일이 부지기수다. 말과 행동 글조차도 매우 조심스럽다. 가족과 함께 축하할 일이나, 불미스러운 일로 오해가 생겼을 때, 꼭 필요한 글의 힘이 주는 행복을 나는 다시금 되살려 보려 노력 중이다.

오랜 세월 다시 만날 주인을 기다렸던 편지는, 누렇게 바랜 종이는 볼펜 자국도 많이 번져 시간의 흔적을 고스란히 남겼다. 방을 청소하던 청소기를 손에서 내려놓게 한 편지의 일련번호를 찾아 가지런히 정리해서 넣어 두었다. 마음이 우울하고 힘든 날과 많이 웃고 싶은 그런 날은 언제든 상자 안의 편지를 꺼내 보아야겠다. 내 마음은 엷은 미소로, 젊은 날의 내 흔적들을 담은 상자의 뚜껑을 닫았다.

웃음치료 활동가

누군가와 인연을 맺는다는 것은 참 어려운 일이다. 그러나 나는 쉽게 접근하고, 금방 친해지는 친화력이 대단하다는 말을 자주 듣는 편이다.

제대로 자격증도 갖추지 못한 내가 서류 심사와 면접을 통과하여 교육을 받게 되었다. 8월의 태양은 온 세상을 다 집어삼킬 듯, 화마가 아스팔트 도로를 점령하고, 이글이글 도로를 뜨겁게 달구었다. 뜨거운 더위를 이겨내며 삼일간의 교육 후, 웃음치료사 자격증을 취득하였다. 춤도 못 추는 내가, 얼떨결에 함께 교육받는 동기들과 노래도 부르고 몸짓을 따라 했다. 열다섯 가지 춤도 배웠다. 많은 사람이 보는 앞에서 춤을 추는 행동은 나의 마음을 더욱 무겁게 하는 큰 숙제였다. 무대도 아닌데, 앞에 나가 서면 부끄러운 몸과 마음이 따로따로, 매번 실수가 이어졌다. 그 모습은 오히려 동기들의 웃음을 자아냈다. 그 웃음으로 인해 응원해 주는 강사의 마음이 잘 느껴졌다. 하루 다섯 시간의 배움은 생기가 넘치고, 내 마음에 큰 위로와 치유가 되었다. 건강한 웃음과 몸짓은 나에게 활력을 주었고, 행복한 미소가 얼굴에 번져 집으로 돌아오는 내내 붉게 상기되었다. 그동안 아프다는 이유로 직장도 잃었다. 무기력한 나에게 경기도 일자리 센터에서 주어진 기회는 나의 또 다른 모습을 볼 수 있는 계기가 되었다. 나이가 들수록 익숙한 것에 더욱 집착하게 된다. 어르신들의 고집스러운 모습을 보며, 나는 그렇게 살지 말아야지 하면서도 나의 몸과 마음은 이미 그 길을 소리 없이 따라가고 있다는 것을 뒤늦게 깨달았다. 집안의 손때 묻은 그릇과 가구와 오래된 물건에 집착하고, 새로운 것을 샀어도 옛것을 찾으며 버리지 못하는 습성은 내 어머니의 모습을 닮아가고 있었다.

 삼일간의 교육을 마치고, 새로운 일터에 가기로 한 전날 밤은 깊은 잠을 잘 수 없었다. 부끄럽고 자신 없어 보이는 초라한 나의 모습이 자꾸만 떠올랐다. 타인 앞에서 나는 좋은 인상을 남기고 싶어 노력하지 않았던가? 그리고 나를 만나는 사람들이 느끼는 편안하고 착한 사람의 이미지를 더 부각하려고 하였던 나의 모습을 생각하였다. 누군가에게 칭찬을 들으면 금방 낯빛이 환해지고, 어깨가 으쓱해지는 순간을 여러 번 경험했던 나를 생각하면 할수록 얼굴이 화끈거렸다. 밤잠을 설치고 비몽사몽으로 짐을 꾸려 집을 나섰다. 지하철 7호선은 늘 많은 사람으로 붐비었다. 까치울역에서 함께 활동할 두 사람을 만났다. 키가 도레미라고 하면 좋을까? 일정하지 않은 키지만 대화의 흐름은 매우 좋았다. 함께 까치울역 3번 출구 방향으로 나갔다. 하늘에 구멍이 뚫렸는지 장대비가 바람을 타고 세차게 내렸다. 입고 있던 옷과 운동화 속의 양말에 빗물이 스며들었다.

처음 활동을 위해서 찾아간 곳은 아파트 관리사무소가 있는 건물 2층에 여자 어르신만 생활하는 경로당이었다. 오전 11시가 약속된 시간이었지만 비를 피할 곳이 마땅치 않아 30분 일찍 경로당으로 들어갔다. 비바람에 몸 전체가 생쥐 꼴이 되어 어르신 뵙기가 부끄러웠다. 첫인상의 중요성은 내게 자존심이었다. 계획대로 진행해야 하는 일들은 머릿속이 온통 뒤죽박죽 정리가 되질 않았다. 젖은 양말을 신고, 어르신 앞에 서 있는 내 모습은 오히려 더 주눅이 들었다.

처음이라 익숙지 않은 우리들의 행동을 눈치채신 걸까? 하얀 은빛이 반짝이는 짧은 곱슬머리의 회장 할머니는

"따뜻한 커피 한 잔씩 마시고, 숨 좀 돌리고 시작해요."

마음의 온기라고 할까? 진한 커피 향과 어르신의 마음이 전해져 축축한 옷도 마를 것 같은 따뜻함이 행복을 불렀다. 빗소리 들으며 창밖을 바라보다 어르신들이 정성 들여 키운 꽃과 채소 텃밭이 눈길을 사로잡았다. 둥근 호박이 바닥을 뒹굴며 빗물에 목욕하고 있었다. 크고 노랗게 물들어가는 늙은 호박을 보며, 어르신들을 향해 내 엄지손가락을 척 올렸다. 기분이 처음보다는 더 편안하고 대하기가 부담스럽지 않았다. 그 기운을 몰아 준비해 온 일회용 접시를 두 개씩 나눠 드리고, 스피커에서 흘러나오는 '아빠의 청춘' 노래에 맞춰 흥겹게 춤을 추며 두 개의 접시도

신이 난 듯, "퉁퉁" 소리를 냈다.

"신나게 한 번 더 힘차게!"

반복적으로 음악에 맞춰 두 분 활동가와 함께 신이 나서 춤을 추었다. 숨이 가쁜 틈을 타서 나는 조용히 '한지원 동화 작가'의 작품 '왼손에게'라는 동화를 구연하였다.

함께하는 활동가 한 분은 40년 동안 머리 커트 자원봉사를 오래 해서 경력이 대단하였다. 가위 잡은 손놀림의 모습은 예술이었다. 추석 명절을 앞두고, 깔끔하고, 단정하게 자른 머리는 어르신 모두를 십 년 전 모습으로 되돌려 놓았다. 그로 인해 주름진 얼굴에 환한 미소가 번졌다.

다른 활동가는 어르신의 아픈 무릎에 테이핑 파스를 붙여 드리고, 불편함은 없는지 확인하였다. 어르신에 대한 염려와 공경하는 모습이 보는 내 마음도 감동하였다. 커피 향처럼 진하게 전해지던 첫날의 경로당 행사는 빗물처럼 토닥이며, 아픈 상처는 씻겨 내려가는 멋진 활동의 시간이었다. 일을 마치고 신발을 신는 활동가들에게 현관까지 따라 나오며, 배웅하는 어르신은

"다음에 또 와요. 수고했어요."

웃으며 비타민 음료를 손에 쥐여주었다. 봉사 활동 첫날의 갈증이 해소되는 시간이었다.

친구는 부재중

베란다에 놓인 상자를 정리하다 낡은 앨범을 발견했다. 지금은 스마트폰에 의지하다 보니 딱히 사진이 없다. 오로지 컴퓨터에 저장하거나 핸드폰에 저장하다 보니, 용량 때문인지 지워진 사진도 많았다.

서서히 녹아드는 흙바닥에 물방울이 뚝뚝 떨어졌다. 내 짝 옥이 어머니는 빈 의자를 바라보며, 하염없이 눈물을 흘렸다. 서울 영등포의 ○○중학교 졸업식이 있었던, 오랜 기억 속의 추억을 소환해 보았다. 푸른 하늘이 유난히 높았던 가을의 기억을 떠올렸다. 풋풋했던 십 대의 사춘기 소녀들은 마냥 즐겁고 아름다운 모습이었다. 그녀들은 낡은 앨범 속에서 "깔깔깔" 웃음 지었다. 졸업을 앞둔 우리의 추억이 사진 속에 고스란히 담겨 있었다. 그날의 아픈 기억만 뺀다면 더 없는 훌륭한 졸업식이 되었을 것이다.

내 짝 옥이는 조용하고, 소심한 성격이었다. 나는 그런 친구가 더 좋았다. 아니 남들과는 달리 마음이 쓰였다. 좀처럼 곁을 내 주지 않던 친구였다. 친구가 준비물을 깜박 잊고 오면 나는 넉넉히 준비해 두었다가 빌려주는 척하였다. 그 일로 선생님께 여러 번 혼날 상황을 모면하도록 도와주었다. 그날 이후로, 옥이는 스펀지에 물이 스며들듯, 점차 나에게 마음의 문을 열어 주었다. 하교 후, 옥이네 집에 가서 숙제를 함께하며, 공부도 하였다. 때로는 만화 책방에 함께 가서 순정 만화를 빌려보고, 웃기도, 울기도 하였다. 그렇게 우리는 우정을 나누는 좋은 친구가 되었다. 늦은 시간까지 친구와 수다도 떨고, 냉장고에 남은 반찬을 양푼에 넣고, 신나게 밥을 비벼 먹었던 비빔밥이 아직도 생각이 난다. 역시 밥은 누구와 먹느냐에 따라 맛도 있다. 불편한 사람과 함께 먹은 음식이 급체하여 소화제를 먹는 일도 있었다. 내 짝 옥이는 나에게 귀한 보약 같은 존재였다. 옥이 어머니는 늦은 시간에 귀가하였다. 영등포의 작은 시장 안에서 좌판을 놓고 생선을 팔았다. 옥이는 어머니가 일찍 오지 않아서 불만이 많았다. 아마도 들여온 생선을 다 팔지 못해서 모두 팔고 오느라, 늦은 귀가에 얼마나 피곤하고 힘들었을지, 어머니 삶의 무게가 느껴진다.

며칠 전만 해도 나와 함께 수다를 떨던 내 짝 옥이는 학교에 오지 않았다. 옥이와 잘 어울려 다니던 세 명의 친구도 함께 일주일째 결석을 하였다. 담임 선생님은 침통한 모습으로 말없이 수업을 진행하였다. 그렇게 사라진 친구들의 흉흉한 소식이 들렸지만, 어느 하나 정답은 없었다. 추운 겨울 방학을 지나고 학교 교실에 들어갔을 때, 여전히 내 옆자리와 사라진 친구들의 자리는 비어 있었다. 마음이 '쿵' 내려앉았다. 친구들은 도대체 어디로 사라진 걸까? 그 친구들이 사라지던 날, 서울 시내의 한 제과점에서 고등학교 오빠들과 미팅한다며 신이 나서 몰려갔다는 말만 들었다. 출중한 외모에 납치라도 된 걸까? 불길한 생각은 꼬리를 물며 나를 괴롭혔다. 하교 후, 친구 어머니가 일하는 시장에 찾아갔다. 둘러보니 구석진 자리에 비닐이 덮어져 있고, 한동안 생선을 팔지 않았는지, 비닐 위에 물고기 비늘이 말라붙어 있었다. 옥이네 집을 찾아가도 굳게 닫힌 문은 열리지 않았다. 이름을 불러도 가족들조차 인기척이 없었다. 그 후로도 나는 옥이 어머니가 일하는 영등포시장에도 가보고, 집 주변도 맴돌다 집에 돌아가곤 하였다.

'옥아! 많이 보고 싶다. 빨리 돌아와.'

늘 혼잣말로 중얼거리는 날이 많아졌다.

중학교 졸업식이 있던 날 친구들은 다른 어느 때보다 더 예뻐 보였다. 깔끔하게 다려입은 교복과 코트, 수제 구두가 반짝이며 빛이 났다. 결빙된 운동장이 서서히 녹으며 발끝이 시려왔다. 졸업식 행사가 진행되는 운동장 곳곳에는 졸업생을 축하하는 많은 가족이 꽃다발을 안고, 행복한 웃음을 지었다. 나는 뒷줄에 서 있을 어머니를 찾으려고 목을 길게 빼고, 뒤를 돌아보았다. 그런데 우리 어머니는 안 보이고, 손수건으로 눈물을 닦고 있는 옥이 어머니 모습이 보였다. 나는 얼른 뒤로 뛰어가 친구가 없는 빈 의자에 옥이 어머니를 모셔와 앉혔다. 담임 선생님도, 주변 친구들도 그냥 바라만 볼 뿐, 아무도 말을 걸지 않았다. 졸업식은 무사히 마쳤지만, 자리에서 일어서지 못하는 옥이 어머니의 모습을 보니, 내 마음이 무척 아팠다. 다행히 담임 선생님이 옥이 어머니를 부축하여 교실로 들어가는 모습을 보고서야 우리 가족들과 함께 학교를 벗어날 수 있었다.

세월이 얼마나 흘렀을까? 성년이 된 그녀가 돌아왔다. 어머니 심부름으로 영등포시장을 둘러보다 뜻밖에 친구의 모습을 보니 눈물이 났다. 순간 반가워서 달려가려다 멈칫했다. 아니 오히려 앞으로 전진이 아니라 뒤로 후퇴했다. 내 머리와 마음이 융합이 안 된다. 마음은 반갑지만, 친구가 나와의 만남을 예전과 달리 싫어하리라는 생각이 더 앞섰다. 모진 풍파를 겪고 왔다는 소문을 들었다. 가족들이 먼 지방의 바닷가에서 친구를 데리고 왔다고 들었지만, 성년이 된 우리는 만날 수 없었다. 바로 눈앞에서 보고 싶었던 친구를 보게 되었는데, 그녀는 어머니의 뒤를 이어서 다 낡고 길들여진 도마 위에 생선 한 마리를 올려놓고 토막내고 있었다. 손님들과 간간이 미소 지으며 대화하는 모습을 보니, 학창 시절보다 더 평온하고 행복해 보였다.

낡은 사진이지만, 친구의 모습을 기억하고 싶어 핸드폰으로 찍고 저장해 두었다. 사진을 보니 사라진 네 명의 친구가 모두 함께 있는 졸업 사진을 찍었다는 것을 뒤늦게 알게 되었다. 다들 어디서 어떤 모습으로 살아갈지 알 수는 없지만, 예전보다 훨씬 건강하고 행복하길 바라는 마음으로 낡은 졸업 사진을 눈으로 한 번, 마음으로 한 번.

'옥이야! 우리들의 행복했던 사춘기 영원히 기억할게.'

차영민
cym8930@nate.com

누구도 아닌

제주에서 불어오는 바람을 맞이하여 이야기를 담아내고 있다.
익숙한 풍경 너머를 바라보며, 잊힌 것들에 말을 건네고 소설로 남긴다.
말로 닿지 않는 마음, 누구도 아닌 존재들, 눈에 잘 보이지 않는 것들을 문장으로 붙잡는다.
말하는 소설의 정점에 이르기 위해 오늘도 조용히 쓴다.

장편소설 『그 너식의 몽디주』, 에세이 『달밤의 제주는 즐거워』

누구도 아닌

 당신, 지금 실수한 거야. 누구나 저지를 수 있는 수습 가능한, 그것과는 다르지. 보통은 그렇게들 생각하지. 그저 운이 나빴거나 컨디션이 좋지 않았다거나 그것도 아니면 재수가 없었다는 그 정도의 결론이 최선이라는 것을. 세상에는 어쩌다가 의도치 않게 발생하는 실수란 없는 법이야. 무엇이든 애초에 발생하지 않게 막아낼 기회는 분명히 있지. 분명 코앞에서 대놓고 알려줘도 사람들은 외면하더군. 현실로 직접 맞닿지 않으면 내 것이 아닌 줄 알거든. 이미 알아차렸을 땐 돌이킬 수 없어. 지금 당신처럼 말이야.
 내가 당신의 뒷자리에 자리를 잡고 앉은 건, 우연은 아니야. 분명히 당신에게 선택지가 있었고, 거기에 응한 것이지. 혹여나 당황스럽다는 마음이 든다면 얼른 접는 게 좋을 거야.
 나는 두 시간 전, 해가 점점 지려고 할 때쯤부터 산록도로를 걷고 있었어. 아주 천천히, 중간중간 아예 멈춰서 주변 풍경을 살펴보면서 말이지. 저 멀리서 차가 달려오면 손을 내밀었어. 대부분은 그냥 지나쳐버리더군. 어떤 차는 상향등을 깜빡거리나 경적까지 크게 울리기도 했지. 잠시 멈추는 듯하다가 나와 눈이 마주치자마자 갑자기 속도를 내서 사라진 차도 있었어. 그래도 난 계속 걸었고 차가 저 멀리서 다가오는 모습이 보일 때마다 손을 내밀었지.

날이 점점 더 어두워질수록 확실히 느꼈어. 앞으로 걷고 또 걸어도 내가 발길을 허락하는 공간은 점점 줄어든다는 것을. 까만 아스팔트가 깔려버린 건, 사람이 아닌 나를 스쳐버린 저 차들만을 위한 것이었어. 도로와 잡초 사이의 경계선을 계속 밟는 게 최선이었지. 이대로 어디까지 걸어야 하나, 알 수 없었지. 분명 가긴 가야 하는데, 나를 기다려주는 곳은 없었지. 그렇다고 여태 왔던 길로 되돌릴 수 없는 노릇이잖아. 우리 삶을 돌아보면 그렇지 않던가. 태어나는 순간 직진과 좌회전, 우회전만이 존재할 뿐 유턴이란 거 없어. 멈출지언정, 돌아간다고 생각할지언정 그것조차도 결국은 직진의 한 모습일 뿐이지. 그 역할에 평생 충실하게 살아왔던가, 질문하면 선뜻 대답이 가능할까, 그게 아니잖아. 눈앞에 가라고 하는 곳이 있으니, 나아갔을 뿐이고 그 끝은 각자 스스로 선택할 수 없다는 것. 나 역시도 마찬가지야. 세상이 눈에 들어왔을 때부터 당장 다가오는 것들부터 헤치워야 했어. 그것이 무엇이어도 나를 위협하면, 누가 시키면 발로 움직이고 손이 해결해 줬지. 그것에 대한 다른 마음은 없어. 누구라도 다 그렇게 살아오니까.

 당신은 일단 그동안 만났던 사람들과 다른 게 맞아. 내 손짓을 무시하지 않고 일단 응했잖아? 목적지에 대한 질문을 답하지 않았는데도 기꺼이 이 차의 잠금장치를 해제했지. 푹 눌러쓴 검은색 모자, 눈 빼고 모두 가려버린 검은 마스크로 감싸버린 나를 보면서도 오히려 얼른 타라고 권했지. 목소리 자체도 너무나도 따뜻해서 코끝이 잠시 시큰거렸다니까. 그건 그러고, 나는 자리를 잡자마자 주머니 깊숙한 곳에 담아뒀던 가느다란 송곳을 꺼냈어. 다시 출발하려던 당신의 목에 끝을 갖다 댔지. 매끈한 뒷목에서 따끈한 땀 한 방울이 흘러내린 게, 순간 미안한 마음이 들었지만. 어쩔 수 없는 상황이란 걸 이해해 줬으면 해.

 난 당신의 실수를 기꺼이 인정해 주려고 해. 이것은 실수가 아니라 어쩌면 확실한 우연이 아닐까 싶군. 자, 그럼 이제 다시 오른발로 브레이크에 발을 서서히 떼고 엑셀로 옮겨. 지금까지 해왔던 그 자세 그대로 움직여주면 돼. 블루투스로 연결된 음악 말고 라디오를 틀어줬으면 좋겠어. 그렇지, 거기 말고 그래도 지역 방송을 들어야지. 아니 아니, 그래그래, 거기 거기, FM105.5 거기가 괜찮지. 조명은 자동으로 되어 있는데, 그러지 말고 하향등으로 고정해. 안개등은 켜지 말고. 이대로 속도를 내도 앞차와는 거의 만날 수 없을 거야. 직전에 지나친 차는 30분 전쯤 지나가 버렸거든. 물론 다른 곳에서 합류한 차가 있을 수도 있겠지. 일단 이대로 가. 비상등은 누를 생각도 하지 말고.

 "어, 어, 어디로 갈까요?"

참 빨리도 물어보는군. 목적지를 얘기할 생각이 있었다면, 진작 말했을 거야. 지금은 이대로 쭉 가면 돼. 멈추지 않는 게 중요해. 룸미러는 아래로 내리도록 하지. 계속해서 나와 눈을 마주쳤는데, 내 얼굴을 굳이 봐 둘 필요는 없지. 세상에는 알아서 될 게 아니고, 아닌 것들도 많아. 지금이 그래, 내 얼굴을 기억해 버린다면 선택지가 너무나도 협소해지거든. 나름대로 마음속에 고마움을 담고 있어. 지금으로서 최선의 배려는 이 정도라는 점, 잊지 말았으면 해. 그 사이 밤하늘이 깊어지는군. 여기서 당신과 밤하늘을 보게 될 줄은 몰랐어. 혹시 그거 아는가? 무수한 별들이 우리에게 비칠 때까지 수천 년의 시간을 거쳐왔다는 점. 우리는 별들의 수천 년 전 모습을 저기 밤하늘이란 이름으로 걸어두기만 할 뿐이지. 저들이 반짝이는 것에 아주 가끔은 감탄하지만, 어디가 끝인지 아무도 알려고 하지 않아. 우리 역시 마찬가지야. 끝이 있다 해도 언제나 새로운 시작이 기다리지. 이봐, 라디오 볼륨을 조금 더 올려보지.

오늘 오후 제주시 노형동 소재 호텔 1층 실외기에서
화재가 발생했다는 신고가 소방당국으로 접수됐습니다.
이 사고로 10명이 병원으로 옮겨지고 100여 명의 투숙객이
대피하는 소동이 일어났습니다.
경찰과 소방당국은 초동 조사 결과 방화로 인해
발생한 것으로 추정했고
정확한 화재 원인과 방화범에 대한 추적이 진행되고 있습니다.

그거 알아? 내가 당신을 본 건 지금 여기가 처음이 아니야. 방금 라디오에서 전해준 사건에서 100여 명의 투숙객 중 한 명이잖아. 방금 전까지만 해도 긴가민가했어. 지금 룸미러에 비친 당신의 얼굴을 보니 확실해졌어. 눈을 동그랗게 뜨고 있는데, 그럴 거 없어. 고개를 갸웃거리지도 말라고. 더 확실하게 이야기해 볼까? 뉴스에서 알려준 화재는 실외기에서 저절로 발생한 게 아니지. 누군가 그곳에 일부러 찾아갔고, 자신이 가지고 있었던 가방에서 삼다수 작은 병을 꺼냈지. 생수치고는 색깔이 노란 거야. 거품도 제법 맺혀 있었고. 주변을 슬쩍 둘러본 그 사람은 생수병에 담긴 그걸 실외기 주변에 뿌렸지. 한 방울도 남기지 않고 골고루 말이야. 그러고 다섯 걸음 정도 뒤로 물러나더니 주머니에서 담배를 꺼내는 거야. 그것도 연초로. 입에 담배를 한 대 물고 라이터까지 켰지. 담배 한 모금을 깊게 들이마시자마자 기침과 함께 꽁초를 바닥에 떨어뜨렸던데. 바닥에는 붉은 불길이 일어났고, 바로 그 자리를 벗어났던 것인데. 만약 그게 실수인 척 표현한 연기라면 박수를 보내고 싶고, 그게 아니라면 왜 하필 담뱃불인가 궁금하긴 해. 또 가만 생각해 보니까, 어째서 호텔 외부에 설치된 실외기였을까. 그렇잖아, 거기서 불이 난다 쳐도 호텔 자체가 치명적인 피해를 줄 수 없거든. 몇 명이 병원에 실려간 건, 연기 때문인데 그마저도 생명에 위협을 줄 정도는 아니거든. 그 실외기를 통해 연기가 들어갈 곳은 어디인가 살펴봤더니, 다른 곳도 아닌 당신이 머물렀던 객실이었잖아. 혼자 머물렀던 것도 아니고 동행했던 여자랑 말이지. 당신이 처음 호텔에 들어섰던 것도 분명히 기억이 나지. 언뜻 보기엔 신혼부부 같은 느낌이 들었어. 귤과 돌하르방이 곳곳에 붙은 밝은색 남방과 하얀 바지, 거기에 얼굴을 반쯤 덮을 만한 갈색 선글라스까지. 처음 호텔 로비에 들어설 때부터 눈길을 끌 만한 옷차림새이긴 했지. 같이 있던 여자도 큰 밀짚모자만 빼면 거의 옷차림새가 비슷했어. 다시 살펴보니까, 아직도 당신은 그 옷차림새 그대로군. 어때, 내 기억에 오류가 있다고 생각하지 않겠지?

"너, 뭐야?"

이봐, 고개는 돌리려고 하지 마. 당신의 목에 드리워진 건, 아직 유효하다니까. 거기서 더 돌리려고 한다면, 이대로 힘을 줄 수밖에 없지. 이 상황에서 나 역시 거기까지 원하지 않아. 속도도 내지 말고 앞만 보고 이대로 유지만 하면 돼. 그래, 이쯤 되면 궁금할 거야. 어떻게 그걸 봤는지, 어떻게 이 자리에 있게 된 건지. 이걸 어떻게 설명할까, 호텔에서 당신을 봤던 것도 일부러는 아니었어. 오히려 놀랐다고 할까. 투숙객 중에 그 실외기 쪽으로 간 사람은 단 한 명도 없었거든. 애초에 투숙객들이 다니는 동선도 아닐뿐더러, 흡연 자체만 생각해 보면 다른 장소들은 많았거든. 거긴 내가 자주 혼자 있었던 곳이라고 볼 수 있지. 실외기 소음에 나를 묻어서 잠시 한숨 돌리고 담배 한 대 피웠다고 할까. 물론 삼다수 작은 병에 기름을 담아서 뿌리는 짓은 누구처럼 안 했지. 이 정도면 나에 대해 성의껏 알렸다고 봐. 물론 그곳에 오랜 기간 머물렀던 건 아니야. 어딜 가도 조금 일이 손에 잡힌다 싶으면, 다른 일들이 생기곤 했지. 남들이라면 아무렇지 않겠지만, 나에게는 아니야. 누군가의 시선을 받는다는 건, 부담이 클 수밖에 없어. 그저 바람처럼 때로는 공기 중 하나처럼 어떤 곳에 자연스럽게 머무르고 싶었어. 왜 이렇게 사람들은 확인하려는 건지 정말 모르겠단 말이야. 알아서 좋을 게 있지만, 굳이 알아서 좋을 것도 없는 부분도 많거든.

"원하는 게 뭐야?"

많은 이야기를 나눴다고 생각했는데, 여전히 당신은 내 의도를 전혀 파악하지 못했군. 이 상황에서 당신에게 뭘 원하는 거 같아? 혹시라도 호텔에서 봤던 그 상황을 빌미로 뭐라도 받아내고 싶을 거 같았나 보지? 그랬다면, 산록도로 한복판에서 어떻게 당신인 줄 알고 차를 세웠겠나. 오히려 내가 묻고 싶은 게 있지. 함께 있던 여자는 왜 놔두고 지금 여기에 있는 거지? 119 구급대원이 후송하는 모습까지 저 멀리서 봤는데, 거기에 당신은 없었거든. 혹시 내가 봤던 모습이 찜찜하다면 걱정은 하지 않아도 될 거야. 애초에 거긴 CCTV도 없거니와, 경찰이 쫓고 있는 건 최소한 당신은 아니야. 오히려 나라면 조금 더 말이 될 수도 있겠지만.

"좋아, 얼마면 될까?"

이것 참, 답답하네. 이봐, 지금 내가 언제 돈 달라고 했어. 당신을 보아하니 가방도 없고 주머니에 스마트폰도 없고 거의 맨몸으로 나온 모양인데. 화재 발생하고 여태까지 계속 운전만 했다는 거잖아. 나한테 줄 그건 있긴 하고? 돈이라는 종잇조각으로 사람을 너무 비참하게 만들지는 말자고. 어쩌면 당신과 난, 비슷한 처지일지도 몰라. 누군가의 시선에서 최대한 벗어나고 싶은 모양인데, 당신이야말로 어디까지 가려는 건가, 그게 궁금해지는데. 이쯤 되면 허심탄회하게 얘기나 해볼까. 시선은 앞만 보고, 두 손은 운전대 꽉 잡고, 입만 열면 되잖아. 여기서 침묵한다고 손해 볼 건 나보다 당신 아니겠어. 이리된 김에 사정이나 들어보자고. 혹시 알아, 딱하게 여기고 이 자리에서 물러날지. 나도 어떻게 보면, 연민이란 게 있는 사람이야. 지금 나만 좋자고, 이러는 거 같아? 일단 얘기나 해봐 봐.
"알 거 없어."
당신은 참, 여전하군. 혹시 자신에게 여전히 선택권이 있다고 착각하는 건가. 그렇다면 명확하게 밝힐 필요가 있겠군. 목이 따끔해졌지. 조금 전보다 힘이 더 들어갔어. 이대로 힘이 더 들어가면, 방금 나에게 내뱉은 말이 유언으로만 남을 거야. 삶의 마지막 한마디치고는 너무 허무한 거 아닐까. 좋아, 여전히 날 경계하고 있으니 나에 대해 조금 더 이야기해 보겠어. 그 호텔부터 얘기해 보자면, 올해 들어 다섯 번째로 머무른 거처였어. 처음 입장할 때는 당신과 비슷한 차림새였지. 나에게 주어진 객실은 없으니 어쩌겠어. 관계자 외 출입 금지 구역에 들어섰지. 그곳에 직원 대기실이 있더군. 그곳에 누군가 놔둔 작업복으로 갈아입었어. 곰팡내가 심하고 옷감이 눅눅했지만 뭐 어쩌겠어. 일단 입어봤지. 그 순간, 멀끔한 차림의 직원이 들어왔어. 나이는 약 50대 정도, 나를 보자마자 자신이 쥐고 있던 열쇠부터 던져주더군. 빨리 가서 청소하라고. 얼굴까지 벌게지면서 화를 내는데, 나도 모르게 허리를 바짝 숙이고 죄송하다고 했지. 도대체 뭘 죄송해야 하는 건지, 잘은 모르겠지만 말이야. 내 손에 들린 열쇠는 호텔 반대쪽에 있는 또 다른 사무실이었어. 그곳에 무엇이 있는지 자세하게 이야기할 수 없어. 봐도 잘 모르겠으니까. 책상과 여러 대의 화면, 그곳에는 호텔을 오가는 사람들의 모습이 담겨 있었지. 그 사무실 한구석에는 휴게실이라고 있었는데, 거기에 작은 침대뿐만 아니라 베개랑 이불까지 있었거든. 보자마자 눕고 싶었지만 일을 시켰으니 둘러보았지. 할 수 있는 일은 따로 없었어. 화면에 담긴 사람들을 관찰하는 것밖에. 바닥에 먼지를 쓸고 걸레로 닦는 시늉까지가 최대치였지. 그 과정에 또 다른 사람이 나타났지만, 그는 내 얼굴도 보지 않고 자신의 자리에 앉았어. 뒤에서 머뭇거리고 있으니까, 할 일 없으면 들어가서 잠이나 자라고 하더군. 그 과정에서 내가 누군지 확인조차 하지 않았지. 그때부터 그곳에 잠시 거처를 둘 수 있었던 거야. 작업모를 푹 눌러쓰고 다니면 누구도 내 정체에 대해 물어보지 않았지. 다만 각기 다른 사람들이 일거리를 준 건 맞아. 그 과정에 당신이 있었던 실외기 공간도 알게 됐고, 이곳을 떠나야 하나 고민될 때마다 한 번씩 찾아가곤 했었지. 어쩌면 오늘 당신이 그곳에 가지 않았더라면, 여전히 호텔의 부속품처럼 계속 머물러 있었을지 몰라.

"너 뭐야?"

이봐, 계속해서 질문이 맴도는 거 같군. 방금까지도 난 나에 대해 충실하게 이야기했어. 아무래도 운전에 집중하다 보니, 걸러서 듣는 모양이군. 여기서 중요한 건 말이야. 우린 구면이란 점이지. 최소한 내가 당신에게는 확실한 구면이야. 당신도 나를 정확하게 기억하지 못하더라도, 의식 속 한구석에 내 존재를 알고 있었던 게 아닐까. 지금 이곳에 두 사람이 같은 방향을 향해 나아가고 있잖아. 이쯤 되면 한 가지 알려는 줘야 할 거 같아. 도대체 왜 그랬던 거야?

다시 입을 꾹 다물었군. 입이야 얼마든지 다물어도 좋아. 핸들을 그렇게 너무 꽉 잡으면 안 돼. 손바닥에 땀이 금방 차오르거든. 커브 구간인데도 속도를 점점 올리는 건, 순간적인 기회를 노린다고 이해해도 될까. 가만 보면, 당신은 주도면밀한 모습을 보이려고 하고 있어. 그런데 말이야, 내가 그렇게 쉬운 존재는 아니라는 말이지. 일단 난 이 도로의 구조를 누구보다 잘 알고 있어. 직접 운전도 많이 해봤지. 지금 당신이 순간적으로 노렸던 그 기회는 오지 않을 거야. 당신은 벨트를 매고 있으니 움직임이 자유롭지 않고, 난 그 반대야. 송곳으로 당신의 목을 인질로 삼고 있지만, 그게 오히려 당신에게 또 하나 옥쇄 아니겠어? 갑작스러운 행동으로 내 손에 힘이라도 더 들어가면, 위험해지는 건 누구겠어. 눈에 뻔히 보이는 얕은수는 오직 안 하느니만 못한 거지. 지금은 다른 거 생각할 게 아니라, 당장 할 수 있는 행동에 집중하는 게 최선이지.

저기, 표지판이 보이는가. 조금만 더 가면 갈림길이 나올 거야. 이대로 직진해서 처음 만났던 그곳으로 갈 것인가. 아니면 다른 방향으로 바꿀 것인가. 이거 하나는 알아두면 좋겠군. 드라마나 영화에서나 보면, 범행이 발생하면 범인은 반드시 현장에 돌아간다던데. 이제 와서 그곳으로 돌아가겠다는 건 아니겠지. 이미 경찰이나 누구든 당신이 그 공간에서 조용히 사라진 것에 대한 의문을 품고 있을 거야. 그 뉴스에서 표현한 100여 명 중 일단 당신이 누락된 게 밝혀지면, 어떨 거 같아. 어떤 상황이든 냉정하게 살펴봐야 한다고.

"닥쳐, 뭘 안다고!"

오호라, 이제 우리 대화가 통하는 건가. 그런데 말이야. 도대체 생각은 있는 건가? 나도 막연하게 그곳을 빠져나왔지. 도망쳤다, 그런 것과 결이 다르다고 봐. 애초에 나란 존재는 누구에게도 인지된 적이 없었으니까. 다만, 더 이상은 있을 곳이 아니었어. 언젠가 이동해야겠다 싶었지만, 당신이 너무나도 앞당겨준 셈이지. 막상 걷기 시작하니 어디로 가야 할지 모르겠다는 거야. 큰길 따라 서쪽으로 가다 보니, 무수천도 지나고 평화로에 접어들었지만 이대로 서귀포까지 갈 일은 아니었지. 쏟아지는 차량들을 지나쳐 산록도로에 들어섰는데, 한참 가다 보니 이제는 길이 제대로 보이지 않는 거야. 지나가는 차마다 손을 들었어. 누구도 세워주지 않더군. 그러다가 당신이 내 앞에 온 거야. 이 정도면 필연적인 게 아닐까. 오히려 당신이 나를 찾은 거란 생각밖에 들지 않아. 안 그래?

"글쎄."

좋아, 그러면 차를 세워. 마침 삼거리가 보이는 군. 이대로 쭉 가면 노형, 우회전하면 한라산으로 향하지. 아무래도 우리가 서로 가고 싶은 방향이 다른 거 같은데, 이제 와서 강요할 수는 없지. 원한다면, 여기서 조용히 내릴 의향이 있어. 15분 동안 나눴던 이야기는 없었던 일로 할 수 있는 거잖아. 일단 세워보자고. 마침 뒤에 차 한 대가 따라붙었는데 먼저 보내야지. 좋아, 여기서 당신이 결정하면 되겠어. 차는 세워두고 고개는 돌리지 않는군. 분명 처음에는 내 얼굴을 궁금해하지 않았던가? 난 뒷좌석 오른쪽에 가만히 앉아 있어. 여전히 핸들에서 양손을 떼지 않고 앞만 보고 있군. 아무리 생각해도 당신은 너무나도 생각이 많아. 좋아, 그럼 내가 내리지. 지금까지 했던 이야기는 못 들은 걸로, 없던 걸로 하자고. 서로의 존재를 목격했다는 자체가 누구에게도 좋을 일은 아니잖아. 다만, 나였다면 그대로 직진은 하지 않을 거야. 당신의 마음은 어떤지 확실히 알 수 없겠지만, 이미 행동했고 시간도 꽤 흘러버렸어. 사람들은 말이야, 과정을 살펴보려고 하지 않지. 눈앞에 나타난 현상만 알고 싶거든. 당신도 당장 눈앞에 펼쳐진 상황을 벗어나지 못하고 있지. 하늘이 점점 더 까맣게 물들고 있어. 조금 전 봤던 별빛들도 먹구름에 조금씩 가려졌어. 내가 다소 무례하게 탑승했지만, 우린 제법 진솔한 대화를 나눴다고 생각할게. 그럼 조심히 가시게, 전조등은 확실히 켜고 움직이는 게 좋을 거야. 괜히 더 수상하게 보일 거거든.

모든 것은 다시 돌아온다. 미완으로 남겨진 것들은 기어 끄트머리에 남아 끝끼지 발목을 잡아당기기 마련이다. 내가 차에서 내리자마자 황급히 떠나버린 당신이 다시 상향등까지 켜면서 돌아올 것은, 너무나도 예측이 가능했어. 난 이제부터 당신에게 우연이 아니거든. 내게 다가올 때 속도를 줄이지 않고, 오히려 정면으로 들이받으려는 것도 그리 놀랍지 않았어. 그 순간에도 내 모자와 마스크는 얼굴을 떠나지 않았지. 아무리 밝게 비춘다 해도 당신은 내 얼굴을 확인할 수 없어.

"타."

열린 조수석 창문 너머로 당신은 여전히 앞만 바라보았지. 다시 자리를 잡은 건, 당신이 뒤가 아니라 옆이라니, 이건 좀 의외군. 안전벨트를 착용할 때까지 기다려주고, 다시 출발하자마자 방향을 잡은 건 직진이 아니라 바로 우회전. 1100도로로 진입하자는 건데, 우리 눈앞에는 점점 어둠이 짙어졌고, 귓구멍이 멍멍한 느낌이 들기도 해. 당신도 미간을 찌푸리는 걸 보아하니, 나와 상태가 비슷하겠군. 그런데 타라고 해 놓고 아무런 말도 하지 않는 이유가 무엇인가. 이봐, 원래 목적지가 이쪽은 아니었잖아.

오늘 오후 노형동 소재 호텔에서 발생한 화재는
계획적인 방화로 밝혀졌습니다.
경찰은 투숙객을 용의자로 지목했고,
공범 여부를 조사하고 있습니다.
현재 확보된 CCTV를 토대로 용의자의 신원을 특정하고 있으며,
공항과 항만, 도심권을 중심으로 검문에 들어섰습니다.

라디오에서 나오는 뉴스, 아무래도 당신으로 특정되었나 보군. 내가 말하지 않았던가. 사건이 벌어지면 의도적으로 멀어진

존재부터 의심받기 마련이라고. 가까이에 있었다면 저들의 주목을 받지 않았을 거야. 지금도 마찬가지지, 나를 내려주고 그대로 갔더라면 오히려 기회는 있지 않았을까? 차를 돌릴 시간을 아직 충분하다고 보는데, 어떤가?

"어디까지 본 거지?"

무엇이든 적절한 때가 있지. 요즘은 그걸 함축적으로 타이밍이라 부르기도 하는데, 시기를 놓친 말과 행동은 오히려 독으로 작용하기도 하지. 지금 당신의 질문이 딱 그래. 내가 얘기를 풀어놓을 때, 물어봤어도 될 부분 아니었던가. 이미 답을 충분히 들은 것으로 알고 있는데. 좋아, 질문이 왔으니 성실한 답변을 해주는 게 내 몫이지. 당신은 자신이 예약했던 객실 실외기에 갔고, 그곳은 공교롭게도 내가 혼자 종종 찾아가는 곳이었지. 투숙객의 동선과 거리가 멀어서 굳이 거길 찾아갈 사람은 없다고 봐도 무방하지. 거기서 기름을 쏟아내고 담배를 피워서 실수인 척 꽁초까지 떨어진 것. 그게 내 눈앞에서 펼친 당신의 행동이 아니었던가. 다만 자리를 벗어날 때 주변을 조금 더 살피지 않았던 게, 안타깝게 생각한다네. 바로 열 걸음도 되지 않은 곳에 내가 서 있었다는 걸 전혀 몰랐던 눈치니까. 그곳은 CCTV가 직접적으로 닿지 않으니, 누구도 당신이 그곳에 갔다고 단정지을 수는 없을 거야. 당신이 직접 놓친 척 던져버린 꽁초마저도 불길에 삼켜졌을 테니. 불길이 일어나고, 그걸 직접 확인한 당신은 입가에 미소를 숨기지 않았어.

"그 말을 믿을 거 같나?"

누구나 듣고 싶은 말은 귓속에 담아두고, 듣기 싫은 말은 귓가를 맴돌게 하다가 불어오는 바람과 함께 내보려고 하지. 얼마든지 그러라고. 믿지 않을 얘기를 굳이 왜 사서 물어보는 건가. 물론 내가 없는 사실을 그럴싸하게 지어낼 수는 있지. 그렇다기엔 당신의 얼굴은 너무 허옇게 변하지 않았던가. 목 주변에 송골송골 맺힌 땀방울은 어디서 나온 건지 오히려 궁금해지는군. 이제는 내가 궁금한 걸 해소해 줄 차례야. 주는 게 있으면 받는 것도 있는 게 우리 인간 세상의 규칙이니.

"말해봐."

좋아, 이제야 우린 대화가 진정으로 통하는 거 같군. 숨기고 말고 할 것도 없지 않은가. 우리는 같은 배를 탔고 눈앞에 펼쳐진 어둠을 뚫고 나아가야 할 처지는 똑같으니 말이야. 어째서 그런 짓을 저지른 건가. 동행한 그 여자의 정체가 뭔지부터 궁금해지는데.

"나도 몰라."

이것 참, 헛웃음이 나오게 하는군. 내가 도대체 누구와 이야기를 나누는지 모르겠는데 말이야. 다른 사람 물어보는 게 아니잖아. 비슷한 옷을 입고 함께 객실까지 들어갔던 그 사람을 물어보는 거야.

"모른다니까."

단언할 수 있는 건, 확신이 있기 때문이지. 그래, 좋아. 이제 그 자세한 내막을 직접 듣는다고 해서 달라질 건 없을 테니. 그래, 이제 우리는 어디로 가면 좋겠는가. 돌아와서 다시 나를 태웠을 때, 뭐든 생각은 있었을 거 아냐? 한편으로는 세상 모든 일들이 머릿속으로 정리되지 않은 채로 날것 그대로 행동이 되기도 하지. 일단 저질러 보고, 그다음 본능에 맡겨서 움직임으로 대응할 수도 있어. 가만 생각해 보니까 나도 그랬네. 살아왔던 모든 순간이 알면서 했던 것들은 없어. 닥치는 대로 쳐내거나 끌어안았을 뿐. 누구에게 물어볼 새도, 누구의 질문을 받아서 답할 겨를조차 없다고 봐도 될까. 다만 세상 누구라도 나를 알아보면 안 된다고 여겼어. 누군가는 어떻게든 이름을 알리고 싶어서 갖은 노력을 하겠지만, 난 그 반대야. 알려지면 안 되는, 그 이유가 무엇이냐고 물어보면 명확하게 답할 수 없는 게 답답해. 우리가 숨 쉬는 것처럼, 때가 되면 밥을 먹어야 하는 것처럼 그게 내 삶의 당연한 모습인 걸.

  알록달록 꽃으로 도배가 된 풍경화 속 티 나지 않은 점처럼 살아왔지. 누구도 내 존재에 대해 증명해 주지 않았어. 아주 잠깐은 그것이 너무나도 간절했는데, 그조차도 내게 허락되지 않은 것임을 깨닫기까지 그리 오래 걸리지 않았어. 난 그런 존재야. 드러나서도 안 되고, 사라져서도 안 될, 스스로 포기할 수 없는 굴레에 빠진. 어쩌면 내 생애 가장 많은 이야기를 당신에게 전하고 있어. 이 얘기를 온전히 기억해서 원래 있었던 자리로 돌아간다면, 누군가에게 전달해 줄 수 있을까. 글쎄, 아무도 믿지 않겠지. 어쩌면 난 당신에게 환영과도 존재일지도 몰라. 지금은 유일한 목격자이자 어딘가의 증언자가 될 수도 있으니, 곁에서 멀어지면 불안감을 증폭시킬 존재일지도 모르지. 나를 어떻게 하면 좋을지, 고민하는가 보군. 지금 우린 고지를 넘었어. 1100, 여기를 넘어서면 시의 경계도 넘게 되지. 그렇다고 지금 라디오에서 흘러나오는 뉴스가 극적으로 바뀌진 않아. 지금 계속 나아가고 있고, 대신 이 차의 연료가 점점 떨어지는 것만큼은 명확하군. 핸들을 언제까지 꽉 잡고만 있을 건가. 굴곡을 따라서 차가 휘청거리는 것처럼 당신도 마찬가지군. 무엇이든 결정은 빨리하는 게 좋을 거야. 그게 언제냐고 묻고 싶다면, 바로 지금 말이지. 속도를 내고 싶다면 지금이야. 오른발을 꽉 밟아. 세게 더 세게, 우리 앞을 가로막는 차는 없고, 뒤따르는 차도 없지. 당신의 손끝, 발끝 하나로 질주로 변해버리는 이 순간을 마무리할 수 있지. 입술을 꽉 깨물고 있을 게 아니라니까. 고개를 돌리고 싶다면, 돌려도 좋아. 당신을 제어할 존재는 이미 사라졌으니까.

"그만, 그만!"

왜, 멈춘 거지? 지금 여기서 발만 떼면 도로를 완전히 벗어날 수 있어. 이건 추락이 아니야. 비상이 될 수 있지. 한라산이 두 팔 벌려 우릴 꼭 안아 줄 수도 있잖아. 무얼 망설이는 건가. 이대로 돌아갈 의지도 없고, 해낼 수 있는 일들도 없잖아. 내가 조금만 몸을 앞으로 쏟아내면 이대로 내려갈 거 같은데, 어때. 조금 더 거들어 주면 될까? 함께 고지도 경계도 넘어섰으니, 지금의 중심도 함께 넘어갈 준비가 됐어.

"돌아가자."

잠깐, 어째서 기어를 R로 바꾼 거지. 차를 뒤로 물린다고, 지금 상황이 없던 일이 되지 않아. 어차피 해야 할 일을 미뤄버리면 고통은 오히려 더 가중될 뿐이지. 숨을 꽤 오래 참았나 보군. 길게 내뱉는 당신의 호흡이 떨려. 그래, 좋아. 일단 다시 방향을 잡고 원래 가던 길을 내려가 보자고. 여전히 경사는 가파르고 곡선도 꽤나 심하지. 이대로 갈 수 있겠어? 아니면 원래 왔던 길로 돌아가는 것도 나쁘지 않겠군. 이미 직진하고 있군. 이제 마음을 다잡은 거 같으니. 다시 물어보겠어. 도대체 무엇 때문에 그런 거야. 허울뿐인 육신을 이생에 붙잡아둔다고 될 일은 아니잖아. 가슴에 담아둔 게 너무 많으면 나중에 영혼이 무거워서 하늘로 올라갈 수 없지. 보면 볼수록 담아둔 것들이 너무나도 많아. 놓아야 할 땐 과감하게 놓는 것도 숨통이 트는 가장 확실한 방법이기도 하지. 나는 말이야, 어떤 것도 붙잡은 적이 없었어. 잠시 머무는 거처도 스치는 것이고, 주머니에 가끔 담긴 돈도 마찬가지야. 그러다가 잠시나마 붙잡고 싶은 사람과 만나기도 했지. 어떻게든 나를 숨겨야만 했는데, 그 사람 앞에서는 드러내고 싶었어. 한동안 그 주변을 맴돌았던 적이 있었지. 거기도 내 존재를 느꼈던 모양이야. 먼발치에서 바라봤던 자리에 그가 먼저 서 있었거든. 내게 물었지, 이름이 무엇이냐고. 그의 눈을 똑바로 바라보았다. 맑은 눈망울 속에 내가 보이거든. 지금처럼 모자와 마스크, 긴 옷으로 둘둘 말려 있는. 답할 수가 없었지. 할 수 있는 말이 없었거든. 그 자리에서 뒤돌아섰어. 뒤에서 목소리가 들렸어. 다시 만나자고. 그 자리에서 다시 돌아서고 싶었지. 딱 그뿐이었어. 돌아서면, 다시 내 이름부터 말해줄 수 있을까. 결국 그를 뒤로하고 앞만 보고 나아갔지. 다시 그곳으로 찾아갈 수 없었어. 갔다가 다시 그 사람을 만나면, 또다시 어떤 말도 할 수 없었을 거야. 할 수 있는 게 없잖아.
"비겁하군."
웃네. 당신은 이런 것에 웃음이 나오는가 보군. 그런데 나랑 다를 게 뭐 있어. 오히려 당신이 더하면 더하지 않았을까. 지금쯤 되니까, 조금 후회가 돼. 어째서 손을 흔들어 이 차를 세웠을까. 괜히 뒷자리에서 송곳까지 들이밀고 함께 움직이자 했을까. 이제는 당신이 내게 송곳이든 칼이든 뭐든 들이밀어야 할 게 아닌가. 어차피 이리된 거 저기로 가자고. 당신은 이미 보고 있을 거 아냐. 저기 우리에게 드리운 어둠을 물리치고 별빛을 가득 담아낸 저곳 말이야. 우리가 볼 수 있는 유일한 빛들이 저기에 모여 있는 거 같군. 당신도 나랑 같은 생각 아니던가. 그런데 차를 왜 세운 거야? 저런, 결국 연료 게이지가 바닥을 쳤구만. 당신이 가던 길을 멈추고 후진만 하지 않았더라면, 여기 멈추진 않았을 텐데. 이제 어떡할 셈인가. 밤이 너무 깊었어. 이곳을 지나치는 다른 차들은 없어. 마냥 차에 있는 건 아니겠지? 그렇다면 난 먼저 내리겠어. 시동까지 멈춰버린 차를 기어만 중립으로 바꾸려고? 제어할 수 없는 건, 우리로 충분하지 않은가. 여기까지 이끌어줬던 수단은 이제 놓아버리자고. 무엇이든 놓아야 할 땐 확실히 놓아야 한다고.
저기, 바다를 봐봐. 차에서 내려서 보니까 그 향기까지 가까워진 거 같은데. 이대로 걸어서 내려간다고, 저 바다가 가까워질 수 있을까. 지금 딱 이 거리에서 내려다보는 게 좋겠어. 저기 불빛들 보이지. 흔들리는 파도에 제 몸을 맡긴 불빛들 말이야. 나도 잠시 저곳에 머물렀던 적이 있었지. 바다에 모든 걸 맡기고 거기서 내어주는 것들을 힘껏 낚아 올렸던. 그때 물고기 한 마리가 내 눈을 빤히 쳐다보았지. 여느 물고기와는 달랐어. 목재 바닥에서 자신이 가지고 있던 바닷물을 모두 털어내면서까지 나에게서 시선을 떼지 않았어. 마지막 호흡을 내뱉으면서도 힘을 잃지 않으려고 했던 그 눈빛, 아직도 잊을 수 없지. 마치 당신이 저 바다를 내려다본 것처럼 말이야. 이제, 진짜 내 이름을 알려줄까?

기울어지는 쪽으로
꽃이 핀다

초판 1쇄 발행 2025. 11. 25.

지은이 시산작가회
펴낸이 김병호
펴낸곳 주식회사 바른북스

편집진행 김재영
디자인 최다빈
마케팅 송송이 박수진 박하연

등록 2019년 4월 3일 제2019-000040호
주소 서울시 성동구 연무장5길 9-16, 606호 (성수동2가, 블루스톤타워)
대표전화 070-7857-9719 | **경영지원** 02-3409-9719 | **팩스** 070-7610-9820

•바른북스는 여러분의 다양한 아이디어와 원고 투고를 설레는 마음으로 기다리고 있습니다.
이메일 barunbooks21@naver.com | **원고투고** barunbooks21@naver.com
홈페이지 www.barunbooks.com | **공식 블로그** blog.naver.com/barunbooks7
공식 포스트 post.naver.com/barunbooks7 | **페이스북** facebook.com/barunbooks7

ⓒ 시산작가회, 2025
ISBN 979-11-7263-673-9 03810

•파본이나 잘못된 책은 구입하신 곳에서 교환해드립니다.
•이 책은 저작권법에 따라 보호를 받는 저작물이므로 무단전재 및 복제를 금지하며,
이 책 내용의 전부 및 일부를 이용하려면 반드시 저작권자와 도서출판 바른북스의 서면동의를 받아야 합니다.